Yvonne Baum

Das Sauwohl-Prinzip

AF194830

Yvonne Baum

Das Sauwohl-Prinzip - Überleben in der Leistungsgesellschaft

Yvonne Baum

„Das Sauwohl-Prinzip – Überleben in der Leistungsgesellschaft"

© 2021 Yvonne Baum
Alle Rechte vorbehalten

Lektorat und Korrektorat: Katja Back
Typografie und Satz: Yvonne Baum
Covergestaltung: Yvonne Habes Grafisches Atelier
Herstellung und Verlag: BoD – Books on Demand, Norderstedt

Bibliografische Information der Deutschen Nationalbibliothek:
Die Deutsche Nationalbibliothek verzeichnet diese Publikation
in der Deutschen Nationalbibliografie; detaillierte bibliografische
Daten sind im Internet über dnb.dnb.de abrufbar.

ISBN 978 3 753481609

Auch als E-Book erhältlich

Für irgendwann ist das Leben einfach zu kurz!

Einleitung

Es gibt sie in unserer Gesellschaft gar nicht mal so selten: stolze Mütter, deren Kinder mit 9 Monaten laufen, mit 5 Jahren eingeschult werden, später aufs Gymnasium wechseln, um dann mit 20 den Bachelor in der Tasche zu haben – ohne dass sie richtig durchatmen oder sich wenigstens unglücklich verlieben konnten. Wir rennen von einem vermeintlichen Erfolg zum nächsten oder werden getrieben. Aber wohin führt uns dieser Weg eigentlich?

Es beginnt schon im Kindesalter, geht weiter in der Schule, im Studium oder in der Ausbildung und steigert sich nochmals mit Beruf und Karriere. Auch macht es vor der Freizeit- und Urlaubsgestaltung nicht halt. So schnell können wir gar nicht schauen, so schnell sind wir mittendrin: im Leistungsdruck. Quasi mit der Muttermilch verabreicht. Wir hatten das Thema an einem unserer Mädelsabende für uns entdeckt.

Wir, das bin ich, Alex, und meine beiden Freundinnen Cleo und Isabell. Ich war Filialleiterin in einer Bank und arbeitete dort seit 25 Jahren. Ich wäre viel lieber Fotografin geworden, aber „damit verdient man doch kein Geld". Ich hasste meinen Job mittlerweile, hatte aber den (Ab-)sprung aus dem Hamsterrad und in einen anderen Job verpasst.

Während ich außerdem mit einem pubertierenden Kind kämpfte und mein Zeitmanagement einer Never-Ending-Story glich, empfand ich das tägliche Hamsterrad mit allen Verpflichtungen und Leistungsanforderungen mehr als ermüdend. Meine Tochter war 13. Schon klar, was das bedeutet: Sie befand sich inmitten hormonell gesteuerter Schreiattacken. Wir hielten uns ganze Tage schreiend auf dem Flur auf. Und am Ende wussten wir beide nicht mehr, worum unser Streit eigentlich ging.

Sie verbrachte ihre Tage hauptsächlich mit Styling Tipps, TikTok und viel zu großem Interesse für Jungs. Das mochte sie. Natürlich spielte sie auch noch Klavier, gab Nachhilfeunterricht und ging zweimal pro Woche zum Tennis. Das mochte ich.

Ich war Mutter, Freundin, Beraterin, Ehefrau und Hure (na gut, mittwochs zumindest, weil ich gelesen hatte, dass man nach 20 Jahren Ehe ein bisschen mehr Salz in die Suppe schütten sollte. Ich hatte das erst aufs Essen bezogen, bis Cleo mich aufklärte.). Eine gewisse Unzufriedenheit breitete sich schleichend in mir aus. MEIN Leben war in den letzten 25 Jahren von einer Komödie in einer kleinen Apokalypse gegipfelt.

Ich räumte auf, saugte, wusch, kochte und backte, brachte zu jedem Elternabend etwas mit, achtete auf meine Figur – nicht zu dick, aber auch nicht zu dünn. Haare und Make-up, immer „on fleek". Niemand sollte (schlecht) über mich reden. „Was sollen nur die Nachbarn denken?", habe ich bis heute noch in meinem Ohr. Ich wurde nie fertig und hätte die Hauptrolle in „… und täglich grüßt das Murmeltier" mehr als verdient. Ich machte nichts außer arbeiten, aufräumen und meine Tochter von A nach B fahren – und das Abendessen.

Cleo hatte einen eigenen Blumenladen, in dem sie total aufging. Sie zauberte farbenfrohe Sträuße und traumhafte Gestecke, verkaufte Deko für jede Jahreszeit und hatte für alle Anlässe das passende Bouquet. Bei ihr musste alles perfekt sein, nicht nur die Blumen: Wohnung, Mann, Sohn, Noten, Freizeit (wenn sie denn mal welche hatte). Sie überließ nichts dem Zufall und haderte außerdem ständig mit ihrem Alter: Jedes Cremedöschen und vielversprechende Serum wurde gekauft. Sie trug immer noch gerne kurze Röcke und verbrachte viel Zeit mit „der Suche nach ewiger Jugend".

Isa konnte nie Nein sagen und geriet immer an die falschen Freunde. Sie hing in einer kleinen PR-Agentur fest und ließ sich von ihrem Chef und ihrer Kollegin zu einem selbstverständlichen 13-Stunden-Tag hinreißen. Sie unterstützte ihre Eltern beim Einkaufen und „kleinen Besorgungen" und half samstags ihrer Freundin Sabine auf dem Flohmarkt. Sie hatte einen Freund, der kam und ging, wann es ihm passte, und sie konnte nichts dagegen tun bzw. sie tat es einfach nicht. Und dass Sabine ihr auch noch ein paar Abnehmtipps ans Herz legte, brachte das Fass endgültig zum Überlaufen.

Wir hatten die Schnauze einfach voll: vom ständigen Selbstzweifel und Optimierungswahn, Kinder- & Musikalischer Früherziehung, Figur & Kleidergrößen, Alter & Faltenbekämpfung, Freizeitgestaltung & Urlaub und natürlich die Karriere – alles wurde optimiert und perfektioniert.

Die Mutter aller Leistungen ist heute nämlich die Arbeitsleistung. Sie soll aufzeigen, was am Ende des Tages zählt: Anerkennung, Selbstwertgefühl, Einkommen. Haste was, biste was!

Noch höher, immer schneller und weiter, nichts ist uns gut genug, wir selbst schon gar nicht, und haben wir ein Projekt beendet, ein Ziel erreicht, eine Konfektionsgröße kleiner, Familie, Haus, Hund, Karriereleiter erklommen – sind wir dennoch nie zufrieden. Ständig in dem Gedanken: „Wenn ich das endlich geschafft habe, bin ich glücklich und werde anerkennend bewundert." Weit gefehlt.

Deshalb sagten wir mit unserem Sauwohl-Prinzip dieser Leistungsgesellschaft den Kampf an – was nicht heißt, dass wir jetzt alle in die Villa Kunterbunt ziehen und uns selbst Plutimikation beibringen, wenn wir gerade Lust dazu haben. Es bedeutet viel mehr, im Hier und Heute und Jetzt zu leben, und vor allem, es sich gönnen zu dürfen, zu genießen, ohne gleich wieder an morgen zu denken, an die Figur, die nie gut genug ist, die Kinder, die im Ausland studieren und einen Doktortitel mitbringen sollen, die Karriereleiter, die nur von ganz oben Anerkennung verspricht, Size Zero oder die perfekt eingerichtete Wohnung, in der man natürlich täglich vom Boden frühstücken könnte.

Und wenn man ein paar Tage genießt, ist das auch okay, und wenn die Hose dann kneift, immer noch, und wenn der Sohn oder die Tochter eine 5 nach Hause bringt, springen wir nicht gleich im Dreieck, zweifeln alles an und bestrafen für totales Versagen. Und wenn der Mann keinen CEO-Titel auf der Visitenkarte hat ... NA UND?

Das Maß aller Dinge?

Wer bestimmt eigentlich, wann man erfolgreich, hübsch, schlank, jung oder sportlich ist? Wo ist diese Norm, die uns das eintrichtert?

Nein, wir fühlten uns schon längst nicht mehr sauwohl, und der Druck wurde mit fortgeschrittenem Alter nicht besser. Es war an der Zeit für radikale Gedanken und Auflehnung, mit dem Ziel, diese steigende Geschwindigkeit gut zu handhaben und selbst zutiefst zufrieden zu sein. Wir wollten uns wieder sauwohl fühlen – mehr Lebensqualität und deutlich mehr Zufriedenheit spüren. Für uns bedeutete das, alle Bereiche unseres Lebens zu durchleuchten und langfristig – und damit nachhaltig

– zu verbessern und zu einer ausgewogenen Balance zusammenzuführen.

Wir waren uns einig: Es galt hiermit das Sauwohl-Prinzip. Das Sauwohl-Prinzip bedeutete richtig angewendet, weniger Stress und mehr Lebensqualität. Und der Stress bezog sich dabei auf wirklich alle Lebensbereiche: Freunde, Figur, Job, Kinder, Alltag. Es war der Stress, den wir uns machten und uns andere auferlegten.

Aber wo sollten wir anfangen? Wir wussten gar nicht, was und wohin wir eigentlich wollten, jede von uns hing im Hamsterrad fest und stresste sich (und andere) in der Arbeit und zu Hause. Wir hatten unsere Ziele und Träume über die Jahre wohl vergessen, vom Sinn des Lebens ganz zu schweigen.

1.Sauwohl? Aber was will ich eigentlich?

Wir hatten, seit der Geburt unserer Kinder, einfach nie die Zeit und Muße gehabt, unsere Träume und Ziele weiterzuverfolgen, und weder Isa, Cleo noch ich wussten, welche Träume wir eigentlich mal gehabt hatten. Da halfen auch keine klugen Ratschläge wie „Es ist doch DEIN Leben. Mach was draus" oder „Carpe diem!".

Nicht zu wissen, was man möchte, fühlt sich alles andere als gut an. Wir lebten durch die Tage und Jahre, waren im Hamsterrad gefangen und fragten uns, warum es Menschen wie uns gab, denen nicht klar zu sein schien, was im Leben wirklich wichtig war. Wie hatte es so weit kommen können? Müssten wir nicht einfach nur auf unser Herz hören? Sind wir denn nicht die Experten für uns selbst? Das konnte doch nicht so schwer sein.

Aber ...

Für viele sind ihre Träume und Ziele zu weit weg. Sie geben bereits auf, bevor sie überhaupt daran denken. Es ist, als hätten sie ein Brett vor dem Kopf, auf dem steht: „Es bringt ja doch nichts!".

Ich muss. Tagein. Tagaus. Woche für Woche. Jahr für Jahr.
Unser Handeln ist häufig von Müssen bestimmt. Es ist fremdbestimmt und manchmal unvermeidlich.
Und so geben wir uns dem „Ich kann es eh nicht ändern, ich muss" hin.
Mit jedem Muss steigt auch der Leistungsdruck.

Viele Menschen leben ein Leben, das von ihnen erwartet wird, und nicht eins, welches sie selbst gerne leben möchten. Aber wie weiß ich überhaupt, was ich will?

Um uns klar zu werden, wie, wann und mit wem wir uns sauwohl fühlten, setzten wir uns zusammen und schrieben alles, was uns dazu einfiel, auf. Wir wollten nicht unser Leben damit verbringen, das zu tun, was uns nur unglücklich machte. Dazu mussten wir aber auch wissen, was uns unglücklich machte. Wünsche, Ziele und Träume, die man sich selbst setzt, machen glücklich und zufrieden.

Alle Glaubenssätze, also Meinungen und Überzeugungen, die in uns selbst durch bestimmte Ereignisse entstanden sind oder die uns andere weismachen wollen, und vermeintlich gut gemeinte Ratschläge anderer, die uns immer wieder über den Weg liefen, trugen wir zusammen:

- Du musst abnehmen!
- Du musst Karriere machen!
- Du musst heiraten!
- Du musst Kinder bekommen – am besten zwei!
- Du darfst deinem Kind kein Smartphone geben!
- Dein Kind muss aufs Gymnasium und Abitur machen!
- Dein Kind darf nicht faul sein und chillen!
- Du musst immer in Bewegung sein!
- Du musst dich gesund ernähren!
- Du musst (mehr) Sport treiben!
- Du sollst kein Fleisch essen!
- Du sollst nicht rauchen!

- Du sollst kein Flugzeug benutzen – man denke an den ökologischen Fußabdruck!
- Du sollst dich auch sonst ökologisch korrekt verhalten!
- Du sollst nicht auf dem Sofa rumhängen (wenn draußen die Sonne scheint)!

Einen Scheiß musst du!

Nur wenn du weißt, was du wirklich willst, kannst du dein Leben, deine Träume und Ziele so gestalten, wie du es möchtest. Kein Außenstehender kann dir dann etwas anderes einreden oder aufzwingen.

Erkunde deine persönlichen Lebensgewohnheiten

Das Sauwohl-Prinzip soll, richtig angewandt, weniger Stress und mehr Spaß im Leben bedeuten, stellte uns aber erstmal vor die Herausforderung, das Unwichtige vom Notwendigen zu unterscheiden. Über die Jahre hatten sich Glaubenssätze, Bequemlichkeit, Selbstzweifel und Gewohnheiten aufgebaut, die wir nicht mehr hinterfragten. Aber genau dieses Hinterfragen musste jetzt sein. Wenn du herausfinden willst, was du in deinem Leben erreichen willst, hilft es, dich der aktuellen Lebenslage zu stellen und sie genau, streng und vor allem ehrlich unter die Lupe zu nehmen und einzeln zu betrachten. Damit bekommst du Klarheit über jeden einzelnen Lebensraum und seine Bedeutung für dich und dein Leben.

Welche Lebensbereiche gibt es überhaupt?

- Ich
- Familie, Partnerschaft
- Freunde, soziales Umfeld
- Beruf, Karriere
- Hobby, Freizeit
- Persönliche Weiterentwicklung

Verschiedene Lebensbereiche – unterschiedliche Rollen

In unserem Leben erfüllen wir in unserem Zusammensein mit anderen Menschen eine ganze Reihe von verschiedenen Rollen oder Funktionen. Welche Rollen das sind und wie wir diese Rollen selbst sehen, prägt uns und unser Leben. Deshalb ist es wichtig, sich einmal klar darüber zu werden, welche Rollen wir eigentlich innehaben und was das für uns bedeutet.

Das war ich

- Mutter, Tochter
- Ehefrau
- Therapeutin, Beraterin, Coach, Lehrerin, Krankenschwester, Seelentrösterin, Bäckerin, Köchin, Putzfrau, Chauffeur, Eventmanagerin

17

- Filialleiterin, Kollegin

- Gemeindemitglied

- Freundin, Bekannte, Nachbarin

Und das war mir eindeutig zu wenig Ich.

Positiv/Negativ-Analyse

Um zu wissen, was man genau will, ist es wichtig zu schauen, was einem guttut und was nicht – welches sind die positiven und welches die negativen Dinge in deinem Leben? Und vor allem, was sind die Zeit- und Energiefresser. Du kannst dir im ersten Schritt vornehmen, die positiven Dinge in deinem Leben aufzubauen und zu intensivieren und die negativen Bereiche zu reduzieren. Daraus können erste Ziele abgeleitet werden.

Was steht also auf der Plusseite im Leben?

- Menschen, die du liebst, die dir guttun und die du gerne um dich hast

- Aktivitäten, die du gerne tust

- Bedürfnisse, die erfüllt werden wollen und sollen

- Dinge, die dir wichtig sind

- Dinge, die du längst machen wolltest

- Alles, über das du dich freuen kannst, Dinge, die dich glücklich und zufrieden machen

- Sachen, über die du lachen kannst

Welches sind die Minuspunkte?

- Projekte, Aufgaben, Sachen, über die du dich immer wieder ärgerst
- Dinge, mit denen du nicht klarkommst und die du nicht (gut) kannst
- Dinge, die du nicht gerne tust, aber tun musst
- Menschen und Dinge, die negativen Stress bereiten
- Menschen und Dinge, die dich traurig oder wütend machen und enttäuschen
- Menschen und Dinge, die dich hemmen und nicht weiterbringen

Du kannst dir vornehmen, den obersten Pluspunkten auf deiner Liste mehr Platz einzuräumen und gleichzeitig den Minuspunkten weniger Platz zu geben oder sie ganz aus deinem Leben zu entfernen.

„Sag mal, Klara, wusstest du immer, was du wolltest?", fragte ich meine Kollegin am nächsten Tag in der Mittagspause, nachdem ich alle meine positiven und negativen Bereiche durchleuchtet hatte.
„Nein. Aber ich weiß, was ich nicht will", grinste sie.

„Nein, echt jetzt?"

„Nein, natürlich nicht. Ich hatte, bis ich 35 war, keine Ahnung, was ich wollte, also um es noch mal zu betonen, was ICH wollte. Und dann habe ich alles aufgeschrieben. Alles. Kleine Dinge, große Dinge. Ich habe alles notiert in jedem Bereich. Und als ich es schwarz auf weiß in meinem frisch gekauften Notizbuch – heute sagt man Bullet Journal – sah, war ganz klar: Das waren meine Träume und Ziele und wie ich mein Leben gestalten will. Und darauf und daran werde ich arbeiten. Und du?"

„Nun, sagen wir, der Stift ist da, das Bullet Journal auch. Jetzt muss ich die Kapitel schreiben."

Am nächsten Tag legte sie mir das Buch „Big 5 for life" auf meinen Schreibtisch. Es geht darum, sich fünf Lebensziele zu setzen, also zu wissen, welche fünf Ziele man im Leben erreichen will. Ich kann es nur empfehlen. Die Idee hilft, seine Ziele wiederzufinden und natürlich umzusetzen. Kenne ich mich wirklich? Was kann ich leisten, was fällt mir leicht? Was sollte ich lieber lassen oder geht mir komplett gegen den Strich? Wo sind meine Grenzen, warum sind sie da und wie sehen diese Grenzen aus? Bin ich glücklich in meinem Job? Habe ich ausreichend Zeit für mich und meine Ziele, Wünsche und Träume. Oder bin ich fremdgesteuert und tue das, was andere von mir erwarten?

„Klara?", fragte ich sie, als ich ihr das Buch zurückgab, „was sind deine ‚Big 5 for life'?"

- „Eine Inspiration für andere sein,
- die Nordlichter sehen,
- drei Monate in einem anderen Land leben,
- eine Ausstellung mit meinen Bildern organisieren,

- täglich meinen Körper und Geist trainieren und weiterentwickeln,
- frei zu sein und das Privileg haben, das zu machen, was ich möchte
- ... und ein Haus am Strand",

schoss es aus ihr heraus.

Nach Feierabend fragte ich mich, was ich 45 Jahre lang gemacht hatte? Gelernt, eine Ausbildung absolviert, geheiratet, die Wohnung aufgeräumt, gekocht, Wäsche gewaschen, unsere Tochter zu einem einigermaßen höflichen Kind erzogen, bei den Hausaufgaben geholfen, (Online-)Shopping betrieben und einen Yoga Kurs an der VHS besucht.

Ich ging in den Keller und holte meine alte „Bucket Liste" raus. Damals hieß sie:
„BFF To-do-Liste für nach dem Abi und alles, was da noch kommt":

- Mit dem Rucksack durch Asien reisen
- Angkor Wat in Kambodscha besuchen
- Tauchen in Indonesien
- Die Chinesische Mauer besichtigen
- Alles fotografieren
- Einen Kalender erstellen und verkaufen
- Im Zelt in unserem Garten übernachten
- Filme die ganze Nacht schauen
- Madonna-Motto-Party veranstalten
- Kosmetik-Besuch und Nägel machen lassen

- Spontan ins Auto setzen und nach Paris fahren
- Mit dem Nachtzug nach Venedig fahren
- Einen mehrstöckigen Kuchen backen
- Ein Backbuch mit Lieblingsrezepten erstellen und binden lassen
- In einem Iglu übernachten
- Hundeschlitten fahren
- Die Zugspitze erklimmen (zu Fuß natürlich)

Wir waren nach dem Abi in Asien und ich habe alles fotografiert, aber bis China haben wir es nicht geschafft, da meine Ausbildung begann. Es waren noch etliche Punkte auf der Liste offengeblieben.

Meine Pluspunkte waren:

- Mein Mann, meine Tochter
- Meine Familie (die mit den Eltern)
- Isa und Cleo
- Fotografieren
- Backen
- Wandern
- Ich engagierte mich gerne (aber nicht mehr immer und überall)

Die Minuspunkte:

- Ich hatte endlose To-do-Listen

- Ich räumte jeden Tag auf

- Ich kochte jeden Tag

- Ich arbeitete Vollzeit (in einem Job, von dem ich nicht mehr zu 100 % überzeugt war)

- Ich geriet ständig mit meiner Tochter in Streit darüber, dass sie kein Tennis mehr spielen wollte

- Niemand ging mit mir wandern

- Ich schlief samstags und sonntags gerne aus

Aus diesen Plus- und Minuspunkten leitete ich folgende Ziele ab:

- Ich stehe am Wochenende früher auf, um die Zeit fürs Fotografieren zu nutzen (obwohl ich gerne ausschlafe, aber man muss auch mal einen Kompromiss eingehen, denn Fotografieren kommt auf jeden Fall vor Ausschlafen)

- Ich reduziere meine Stunden – auf eine 4-Tage-Woche

- An meinem freien Tag würde ich ab sofort alle zwei Wochen einen großen Tagesausflug in die Berge machen

- Ich putze nicht mehr jeden Tag

- Ich schaue nach einer sportlichen Alternative für meine Tochter

- Ich plane ein Mädelswochenende mit Cleo und Isa

2. Sauwohl, aber was sagen bloß die anderen dazu?

„Das kannst du doch nicht machen?", sagte meine Mutter in einer etwas hohen Stimmlage, als ich ihr am Telefon erzählte, dass ich plante, in Teilzeit zu arbeiten und mir den Filialleiter-Job mit einer jungen aufstrebenden Kollegin teilen würde. „Und wovon willst du leben?" „Und deine Rente?" „Mama, ich bin 45 Jahre alt. Denkst du nicht, dass ich weiß, was das bedeutet? Lass das mal meine Sorge sein", konterte ich, versicherte ihr noch, dass die Verbindung schlecht war, und legte dann auf. Ich erzählte es den Mädels, und zum ersten Mal hatte ich kein schlechtes Gewissen. „Scheiß drauf, also nicht auf deine Mutter, aber in diesem Fall auf ihre Meinung", rief Cleo sofort und wir pflichteten ihr bei. Zum ersten Mal war es mir egal, was meine Mutter oder „die Nachbarn" dazu sagten. Ein herrliches Gefühl, das ich nicht wieder hergeben wollte.

Es ist das alte Lied: Wenn wir uns gut benehmen, werden wir gelobt. Wenn wir uns schlecht benehmen, dann werden wir gerügt. Wenn wir also wollen, dass unsere Eltern uns anerkennen und lieben, passen wir uns ihren Erwartungen an. Wir haben als Kinder angefangen, uns anzupassen, und das führte sich später im Kindergarten, Schule und Beruf fort. Und manche Menschen schaffen diesen Sprung nie, sie bleiben in allen Lebensbereichen und Karriereschritten abhängig von der Meinung anderer und verlieren so den Sinn dafür, was IHNEN gefällt. Sie wollen nicht nur ihren Eltern, sondern allen gefallen und es allen recht machen.

Wir waren uns einig, dass, wenn wir immer nur darüber nachdachten, was die anderen wohl denken würden, dies unser Selbstvertrauen schädigt. Wir hatten schließlich die letzten Jahre nach der ein oder anderen Pfeife getanzt.

Erste Erkenntnis: Wir können nicht kreativ sein und unsere Ziele werden wir so auch nie erreichen. Und auf Dauer macht es krank.Egal, ob es um die eigene Meinung, das Aussehen, den Job, die Hobbys oder die die eigene Persönlichkeit geht. Aus Angst vor Diskussionen und Rechtfertigungen. Manche Menschen wollen lieber so sein, wie andere sie haben wollen. Und warum?

- Um dazuzugehören
- Um gemocht und anerkannt zu werden
- Um bewundert zu werden
- Aus Angst vor Mobbing und Ausgrenzung

So ging es Isa und mir mit unseren Müttern. Ich wollte einfach nicht kritisiert werden, hatte keine Lust auf Vorhaltungen, Klugscheißereien und Diskussionen mit ihr. Ich ging dem am liebsten aus dem Weg. Isa wollte einfach jedem gefallen und es Freunden und Familie recht machen. Gerade bei Freunden, Familie oder dem Partner haben viele Menschen Verlustangst, wenn sie Grenzen ziehen oder vermeintlich „an sich denken", und wir fragten uns: „Wie kann man über kurz oder lang diese Angst überwinden?"

Eigentlich ganz einfach: Wenn der Partner oder die Freunde einen nicht so mögen, wie man wirklich ist, dann sind sie nicht die richtigen und echten. Isa hatte diesen Punkt auf ihre Liste geschrieben, denn sie geriet immer an Menschen, die ihr einfach nicht guttaten, sie als seelischen Mülleimer ausnutzten und ihr sagten, sie müsste dringend abnehmen.

Wenn man also beginnt, die richtigen Menschen zu suchen, die einen genauso mögen, wie man ist, dann hat das Leben plötzlich eine ganz andere Klasse, d. h.: Wenn man wie Isa Verlustängste hat, muss man sich fragen: Wäre es wirklich ein Verlust, einen Menschen zu verlieren, der mich nicht so nimmt, wie ich bin?

Damit eben nicht ständig diese Frage „Was denken bloß die anderen?" in einem herumgeistert, sollte man sich intensiv mit dem Thema Selbstbewusstsein auseinandersetzen, und deutlich mehr Wert auf die eigene Meinung legen. Das bedeutet buchstäblich, sich selbst bewusst zu sein und sich selbst besser kennenzulernen.

Dein Selbstwertgefühl beruht nicht auf dem, was andere von dir denken. Diesen Fehler machen viele, zu denken, was die anderen sagen, ist richtig, es gibt nur diese eine Norm, diesen Weg, dieses Aussehen, diese Kleidergröße, diese Art, sich zu kleiden, dieses Verhalten etc.

Aber dann passiert Folgendes: Du führst ein Leben immer ausgerichtet an den Erwartungshaltungen anderer, d. h. du verpasst damit dein eigenes Leben. Dieser Zustand wird dich auf Dauer unglücklich machen.

Sieh deinen Ängsten und Selbstzweifeln ins Auge

Lass dir von niemandem sagen, dass du etwas nicht schaffen kannst oder etwas anders machen sollst. Nur weil die anderen eine „60-Stunden-Woche" als „Ich habe es geschafft" definieren, musst du es nicht genauso machen oder dich klein und schmutzig fühlen.

Dein Kopf ist super darin, sich alle möglichen komischen Szenarien auszumalen, die nichts mit der Realität zu tun haben: „Er findet mich sicherlich blöd", „Sie denkt sicher, ich bin ein Loser", „Die denken sowieso, ich kann nichts" und so weiter und so fort.

Und so kannst du dich dein Leben lang im Kreis drehen und dir immer wieder neue Dinge ausmalen, die nichts mit der Realität zu tun haben. Allerdings kommst du dann aber keinen Schritt voran.

Ich hatte zuerst mit dem Vorhaben, meine Stunden in der Bank zu reduzieren, um mehr Zeit fürs Fotografieren zu haben, gehadert. Ich dachte, dass mein Mann das missbilligen würde, zumal dann ja auch weniger Geld reinkommen würde. Weit gefehlt. Mein Mann war begeistert und gönnte mir diesen Schritt aus vollem Herzen. „Dann hast du auch mal Zeit für dich und bist nicht immer so gestresst und genervt", fügte er kleinlaut hinzu.

Vertraue auf dein eigenes Gefühl, die Dinge anzupacken, etwas zu sagen, mit Menschen umzugehen, dich zu kleiden, und schaue nicht auf das, was andere denken (könnten), denn das eigene Selbstwertgefühl
- bleibt dauerhaft,
- kommt von innen und richtet dich auf und
- macht dich natürlich stetig selbstbewusster.

Wir begannen aufzuschreiben, was uns dazu einfiel, wie wir selbst waren, und was uns im Laufe der Jahre dazu begegnete:

Isa traute sich nicht zu sagen, was sie wirklich dachte, sie tat Dinge, die sie eigentlich gar nicht tun wollte, und bereute es im Nachhinein. Sie wollte anderen Menschen alles recht machen und hörte oft darauf, was sie sagten. Und wir?

- Wir täuschten gute Laune vor, wo gar keine war
- Wir taten so, als würden wir Sachen und Aktivitäten toll finden, die wir eigentlich gar nicht mochten und auf die wir nicht die geringste Lust hatten
- Wir versteckten Gefühle wie Frustration oder Wut
- Wir hielten Beschwerden zurück oder schluckten sie runter
- Wir logen und gaukelten anderen etwas vor (auch wenn es nur kleine Lügen waren, um zum Beispiel zu imponieren)
- Wir zeigten keine Enttäuschung, obwohl sie da war

Du kannst es nicht jedem recht machen!

Es ist unmöglich. Es wird immer Freunde, Familienmitglieder oder Kollegen geben, denen deine Einstellung, Worte und Taten nicht passen. Dagegen kannst du erstmal nichts tun! Aber: Du kannst entscheiden, ob du es an dich heranlässt.

Und du kannst entscheiden, ob du dich davon beeinflussen lässt oder ob du unabhängig davon trotzdem deinen eigenen Weg gehst. Akzeptiere deine Angst, aber gehorche ihr nicht. Je öfter du deine Ängste überwindest, desto schwächer werden sie. Und du hast jedes Mal ein Erfolgserlebnis und fühlst dich freier als zuvor. Außerdem wird dir mit der Zeit immer gleichgültiger sein, was die anderen von dir halten.

Der Schlüssel ist, sich zu kennen und zu wissen, dass es wichtig ist, von anderen gemocht und akzeptiert zu werden, jedenfalls von denen, die uns wirklich wichtig sind. Aber eben nicht von jedem.

Andere Menschen sind auch unsicher.

Wir verbringen so viel Zeit damit uns zu fragen, was die anderen sagen oder denken könnten. Projekte, die wir erst gar nicht anpacken, oder Kleidungsstücke, die wir im Schrank hängen lassen aus Zweifel, was andere dazu sagen würden. Aber: So wichtig, wie wir immer glauben, sind wir für andere gar nicht. Sobald du verstanden hast, dass andere Menschen ihre eigenen Probleme und Unsicherheiten haben –und selber darüber nachdenken, was du wohl von ihnen denkst –, werden dir deine eigenen Sorgen klein und manchmal vielleicht sogar sinnlos vorkommen.

Pfeif auf die anderen

Eine Leggins sieht nicht an jedem gleich gut aus. Aber: Das nennt man dann einen unterschiedlichen Geschmack haben und nicht Verurteilung. Hier hat der eine mehr Selbstvertrauen und der andere eben wieder weniger. Aber im Prinzip soll doch jeder anziehen, was er will, lernen und arbeiten, was ihm Spaß macht, ohne sich vor der Familie oder Freunden rechtfertigen zu müssen.

Das ist der Anfang. Wir alle sollten uns genauso mögen, wie wir sind, und wir sollten auch vor allem anderen diese Möglichkeit geben: den Kindern, den Freunden, der Familie.

So, wie du bist

Meine Kollegin Klara hatte das Glück, in einem Umfeld aufzuwachsen, in dem ihr das Gefühl gegeben wurde, wertvoll zu sein, stark, mutig und liebenswert. Das ist bis heute so geblieben. Deshalb konnten ihr auch Kritiker nichts anderes einreden. Ihr Selbstbewusstsein ist sehr ausgeprägt, d. h. nicht, dass sie von morgens bis abends macht, wozu sie Lust hat, sondern, dass sie ohne Rückversicherung von anderen entscheidet, was sie anzieht, welcher Arbeit sie nachgeht, wie und mit wem sie ihre Freizeit gestaltet und ihr Leben lebt. Beruflich wie privat macht sie, was sie glücklich macht. Und wenn es jemandem nicht gefällt, dann ist es eben so, macht ihr aber auch nichts aus.

Denn mal ganz ehrlich: Warum sollten denn ausgerechnet andere recht haben?

Aber von dieser Einstellung waren wir Drei dann doch noch weit entfernt.

Der Preis ist einfach zu hoch

Wenn du dir ständig Sorgen machst, was andere über dich denken, Angst davor hast, anderen auf die Füße zu treten, dann hältst du dich selbst zurück und bleibst hinter deinem Potenzial zurück.

Deine Sorgen und Ängste führen dazu, dass du viele tolle Ideen nie umsetzt. Und wer will das schon?

Hier kamen unsere Tipps dazu:

- Gib nichts darauf, was andere denken könnten. Mach es wie Udo „Ich mach mein Ding"

- Vergleiche dich nicht ständig mit anderen. Es ist so anstrengend und hört nie auf

- Du bestimmst den Weg, den du gehst

- Jeder hat seine eigene Vorstellung davon, wie die Welt zu funktionieren hat. Was andere über dich denken, hat nichts mit dir zu tun, sondern nur damit, wie andere die Welt sehen und wie sie zu funktionieren hat – in deren Augen. Und wenn deine Wünsche, Ziele und Wesensart nicht in ihr Weltbild passt, dann ist das ihr Problem, nicht deins!

- Lebe DEIN Leben (so abgedroschen es auch klingt) – du hast genau dieses eine

- Du musst nicht jedem gefallen, sehr befreiend festzustellen, dass man einfach auch gar nicht jedem gefallen will

- Kümmere dich um das, was du willst. Der Lieblingsspruch meiner Tochter hierzu lautet: „Du bist der Pilot deines Lebens!"

- Finde Menschen, die dich darin unterstützen, wie du bist und was du wirklich willst. Und verschwende nicht zu viele Gedanken an Menschen, denen es nicht passt, wie du bist

- Es ist besser, ein paar wahre Freunde zu haben, als von allen Leuten gemocht werden zu wollen

3. Sauwohl – angefangen bei den Kleinsten

„Auf gar keinen Fall. Das schaffst du sowieso nicht", hörte ich vorgestern im Einkaufszentrum eine Mutter zu ihrem kleinen Sohn sagen. Ich suchte nach einem Geschenk für Isa. Sie hatte uns zu ihrem Geburtstag eingeladen. „Kleiner Umtrunk, ein paar Kollegen und Freunde", hatte sie gesagt.

„Aber ich will Polizist werden und nichts anderes", sagte der kleine Junge schluchzend, während die Mutter genervt den Kopf schüttelte und ihn weiter mit sich zog.

Ich war fassungslos und hörte gleichzeitig meine eigene Mutter. Ich wollte schon als 11-Jährige Fotografin werden, aber „damit verdient man ja kein Geld!"

„Ich werde mal ein krass-gehypter YouTube-Star", riss meine Tochter mich aus meinen Gedanken.
Ich starrte sie an, als hätte sie sich Bernd das Brot auf ihren Unterarm tätowieren lassen.
„Spaß", sagte sie und lachte sich kaputt.
Ich seufzte.
„Ich werde Influencer!"

Das optimale Kind: außergewöhnlich, hochbegabt und perfekt erzogen

Und auch das durchleuchteten wir, nur mussten wir uns hier erstmal kräftig an die eigene Nase fassen. Meine Tochter lag mir schon seit Wochen in den Ohren, dass sie „keinen Bock" mehr auf Tennis hatte und viel lieber voltigieren wollte.

Als Kind wurde ich freundlich dazu gezwungen, Klavier zu spielen. Ich fand meinen Lehrer furchtbar und hatte überhaupt keinen Spaß, und trotzdem haben meine Eltern mich immer weiter gedrängt, zum Klavierunterricht zu gehen. Am Ende beherrschte ich weder das Klavier richtig, noch hatte ich Lust, ein neues Instrument zu erlernen. Und meine Eltern waren sicher nicht die Einzigen, die ihr Kind zu seinem Glück zwingen wollten.

Aber: Kinder wachsen nun mal nicht auf, um den Wünschen und Träumen ihrer Eltern gerecht zu werden. Sie wachsen nicht als Marionetten auf, sondern als eigenständige Menschen – mit eigenen Träumen und Zielen. Warum also versuchen Eltern, ihre Kinder zu ihrem Glück zu zwingen?

Vielen Eltern scheint nicht klar zu sein, dass ihre Kinder mit einem Hobby aufhören möchten, weil es ihnen einfach nicht gefällt und weniger Spaß macht, als ursprünglich erwartet, und nicht, weil sie aufgeben oder versagen. Zwingt eure Kinder nicht dazu, an Aktivitäten teilzunehmen, die für sie sinnlos oder unmöglich erscheinen. Viel besser wäre es, sie dabei zu unterstützen, ein Hobby zu finden, das ihnen wirklich Spaß macht.

34

Kinder benötigen Raum und Zeit

Viele Eltern neigen dazu, ihre Kinder hin und her zu hetzen, aber gleichzeitig erwarten sie, dass sie trotzdem immer genug Energie haben, um sich auf etwas zu konzentrieren. Aber das funktioniert nicht, wenn Kinder müde und ausgepowert sind. Natürlich meinen es Eltern gut und wünschen ihren Kindern „nur das Beste", aber sie mit überbordenden Verpflichtungen zu belasten, ist in der Regel kontraproduktiv.

Denn: Kinder brauchen Zeit und Freiraum. Sie dürfen sich auch mal langweilen und müssen nicht täglich durchgetaktet sein. Danach können sie immer noch die Aktivitäten ausprobieren, die sie interessieren, und ihre eigenen Wünsche und Leidenschaften erforschen und mehr über sich selbst lernen. Und was spricht dagegen, wenn Eltern gemeinsam mit ihren Kindern entscheiden, was sie gerne ausprobieren würden und was für einen Zeitraum man als Testphase dafür nutzen könnte?

Da meine Eltern das aber „schon immer" so handhaben, machte ich es genauso bei meiner Tochter. Ich hatte den Klavierunterricht einfach für sie beschlossen, weil ich dachte, sie hätte Spaß – und vielleicht hatte ich insgeheim auf eine große Bühnenkarriere gehofft.

Zum ersten Mal hinterfragten wir bei unserem nächsten Treffen das, was vorher immer selbstverständlich war: die guten alten Glaubenssätze, die uns immer wieder gefangen hielten, und kamen zu dem Schluss:

- Perfektionismus ist völlig übertrieben
- Vergleiche deine Kinder nicht mit anderen
- Projiziere deine eigenen Träume nicht in die deiner Kinder

Cleos Sohn liebte das Fußballspielen und wollte Profifußballer werden. Cleo rollte zwar innerlich mit den Augen, wollte ihn aber bestärken. Also beschlossen wir, das Sauwohl-Prinzip auch bei unseren Kindern anzuwenden.

Durch unsere Gespräche und Recherchen wussten wir, dass, wenn man etwas wirklich wollte und für etwas brannte, würde man automatisch länger durchhalten.

Keine Mutter und kein Vater will schließlich einen Menschen großziehen, der zu leicht aufgibt, denn das Leben vieler Kinder und junger Menschen beginnt heute beinahe stressiger als das ihrer Eltern: Geige, Handball, Klavier, Ballett, Tennis – und das möglichst alles in einer Woche. Hinzu kommen perfekte Schulnoten, natürlich in jedem Fach.
„Wir wollen doch nur dein Bestes!"
Es wird nicht geschaut, was das Kind für ein Mensch ist, Hauptsache Abi, Studium, und den Beruf geben die Eltern am besten auch noch vor. Und wehe, es läuft nicht wie am Schnürchen von der 1. Klasse bis zum Doktortitel.
Und so lernen auch schon die Jüngsten, dass nur die Bestleistung zählt und natürlich vermeintlich hohe Abschlüsse. Nur dann ist man etwas wert. Eltern messen heute der Bildung ihrer Sprösslinge und den massiven außerschulischen Aktivitäten einen deutlich größeren Stellenwert

zu. „Abstiegsangst" hat sich breitgemacht. Diese Angst geben sie leider an ihre Kinder weiter. Ein Teufelskreis, den wir zu unterbrechen bereit waren.

DENN:

Es gibt Kinder, die sind handwerklich begabt. Es gibt Kinder, die sind mathematisch begabt und es gibt Kinder, die sind künstlerisch begabt. Schaue, wo die Stärken deines Kindes liegen, und fördere diese. Jedes Kind wird über jeden Schulabschluss seinen Weg finden. Warum zeigen wir unseren Kindern nicht, dass man auch mit Feuer und Flamme seinen Traumjob finden kann, auch wenn es nicht der Doktor oder der Anwalt ist. Nehmt den Druck raus und macht euch einfach mal locker, liebe Eltern. Vertraut euren Kindern und zwingt sie nicht in Abschlüsse und Berufe, die am Ende überhaupt nicht zu ihnen passen – und letzten Endes nur euch glücklich machen.

Unterstützt eure Kinder dabei, zu werden, wer sie ohnehin schon sind. Animiert sie, das zu machen, was ihnen die größtmögliche Befriedigung verschafft und Begeisterung auslöst. Auch wenn es nicht eurem eigenen Ideal entspricht.

Diskutiert mit ihnen darüber. Offen und ehrlich. ABER: Redet euren Kindern nichts aus, wofür sie sich wirklich begeistern können. Auch wenn ihr glaubt, dass ein anderer Beruf viel besser wäre. Denn auch Kinder sollen und müssen sich sauwohl fühlen, um sich optimal zu entfalten. Und wenn „die anderen" prahlen, wie toll ihre Kinder sind, sollte man auch mal schauen, ob die Kinder auch wirklich glücklich dabei sind.

Ich meldete meine Tochter heimlich für eine Schnupperstunde beim Voltigieren an und ging dann auf Isas Geburtstagsfeier. Als ich reinkam, überfiel mich sofort ihr Freund Max. „Ich habe deine Bilder von deiner Surprise-Torte und den Mango-Cupcakes gesehen, das ist genau das, was wir für unsere nächste Kampagne suchen. Hast du noch mehr davon?"

Isa zwinkerte mir zu. Sie hatte ihm meine Fotos gezeigt.

Als ich an diesem Abend nach Hause kam, war ich so zufrieden, wie schon lange nicht mehr. Meiner Tochter machte ich klar, dass ich mir wünschte, dass sie für eine Sache, für ein Schulfach brannte und dort ihre Stärken ausbaute. Sie sah mich an, als hätte ich ihr gegrillte Heuschrecken zum Abendessen serviert und mitgeteilt, dass das ihre heutige Dschungelprüfung sei.

„Such dir ein Schulfach aus, in dem du richtig gut bist und Spaß hast, und dann hau rein, beschäftige dich damit und mach was draus. Du musst nämlich nicht überall die Beste sein."

Das verstand sie und begann Geschichten zu schreiben.

Unsere Tipps:

1. Sei ein guter Co-Pilot, aber überlass deinem Kind das Steuer!
2. Identifiziere gemeinsam die Stärken deines Kindes!
3. Hilf deinem Kind, dafür den passenden Kurs einzuschlagen!
4. Schmiedet gemeinsam Pläne und startet durch!
5. Bleib ein guter Zuhörer und kein Besserwisser!

4. Sauwohl „All Day long"

Ich wollte mehr: mehr Fotos, weniger Filialleitung und noch weniger putzen. Meine Tochter war inzwischen so selbstständig, dass sie in ihrem
Zimmer lebte und nur noch zu den Mahlzeiten erschien. Aber? Ich hatte
immer noch das Gefühl, keine Zeit zu haben. Ich war von morgens bis
abends eingespannt, immer mit einer riesigen Liste im Kopf, und sobald
eine Zeitlücke entstand, arbeitete ich etwas aus der Liste ab, nur leider
wurde meine To-do-Liste nie kürzer.

Wir laufen von A nach B, um alles optimal zu timen: Arbeit, Freizeit,
Hobbys – bloß nicht zur Ruhe kommen und immer auf der Überholspur
bleiben. Und ständig sind wir dabei online, erreichbar und entertained.
Gleichzeitig wollen wir eine perfekte Partnerschaft führen, die liebsten
und schlausten Kinder heranziehen, eine tadellos aufgeräumte, saubere
Wohnung und im Job glänzen – und natürlich immer super gestylt, ge-
sund und fröhlich daherkommen.
Genau dazu gehörte ich – von morgens bis abends. Ich ging mir inzwi-
schen selber auf den Sack. Wenn alle aus dem Haus waren, brachte ich
die Wohnung wieder auf Vordermann: Wenn jeder Schlafanzug, jede
Müslischale und jedes Kissen wieder an seinem Platz war, fuhr ich ins
Büro.
Unterwegs überlegte ich mir, was es zum Abendessen geben könnte,
wann ich meine Tochter zum Voltigieren fahren musste und, und, und.
Sie grinste übrigens mehr als sonst, wenn es raus zu den Pferden und
nicht mehr zum Klavierunterricht ging.
Aber ich? Von sauwohl war ich noch weit entfernt.

Aber wie war es dazu gekommen, dass wir so lebten? Wann hatte ich vergessen, dass wir menschliche Wesen und keine Roboter sind? Ich konnte mich nicht daran erinnern, dass meine Oma total gestresst auf ihre To-do-Liste geschaut und überlegt hätte, ob sie die Reitkappe noch schnell bei Amazon bestellen sollte, bevor es ans Kochen ging.

Es gehört in unsere jetzige Leistungsgesellschaft zum guten Ton, gestresst zu sein. Denn dann bin ich aktiv, fleißig, beschäftigt und wichtig – und das macht das Leben eben lebenswert. Es ist zum Standard geworden, anzunehmen, dass wir mehr wert sind, wenn wir auch mehr tun, und vor allem: „Je mehr du hast, desto mehr bist du." Aber wer hat diese Norm vorgegeben? Und warum folgen wir alle brav? Bei unserem nächsten Treffen war klar, der Alltag würde auf den Kopf gestellt mit dem Ziel, mehr Zeit für uns zu haben.

Wir alle brauchen ein gesellschaftliches Umdenken: mehr Zeit für Familie, Freunde und Erholung. Mehr hier und heute, statt morgen und übermorgen.

Mehr weniger, statt überall dabei sein zu müssen. Mehr genießen, statt zu hetzen. Mehr Zufriedenheit, statt sich ständig mit anderen zu vergleichen.

Nur wenige von uns sind sich ihrer selbst bewusst und zu denen würden Cleo, Isa und ich auch gehören, auch wenn es ein langer und steiniger Weg war und wir alle Lebensbereiche durchleuchten und vielleicht auch ein wenig ausräuchern mussten.

Doch noch war unser Alltag von „höher, weiter, schneller" geprägt – auf allen Kanälen. Ja, hierbei ist vieles schneller und auch effizienter geworden, doch diese Geschwindigkeit hat auch ihren Preis. Der Stress ist schädlich für den Körper – die Gesundheit vieler Menschen leidet darunter.

Also überlegten wir auch hier zuerst:

- Wie und womit verbringe ich eigentlich den lieben langen Tag?
- Wo habe ich Zeit verplempert?
- Fühle ich mich von Terminen gehetzt oder kann ich selbst gestalten und entscheiden, was ich wie, wann und mit wem mache?
- Was war das Highlight meines Tages?
- Was hat mich wirklich weitergebracht?
- Worauf könnte ich verzichten?

Leider mussten wir feststellen: Funktionieren und leben sind zwei ganz unterschiedliche Zustände. Viele von uns sind irgendwo dazwischen. Und wir waren es auch, fremdgesteuert durch unseren Alltag, aber vor allem selbstgesteuert und hausgemacht durch uns. Ich putzte gefühlt jeden Tag und war ich fertig mit allem, brachte mir meine Tochter einen riesigen Stapel Wäsche zum Waschen. Cleo verplemperte ihren Feierabend am Handy und Isa konnte nie Nein sagen zu Verabredungen und Unterstützung im Büro. Sie war immer die Letzte im Büro, und wenn sie dann total erschöpft nach Hause kam und eine Freundin anrief, die ihr Herz ausschütten wollte, hörte sie zu und nahm sich Zeit.

Ich begann damit – wenn auch langsam – nur noch einmal die Woche Wäsche zu waschen und zweimal einkaufen zu gehen. Meine Tochter fuhr mit ihrer neuen Freundin zum Voltigieren und ich holte beide wieder ab, so sparte ich ebenfalls Zeit.

Ich saugte nicht mehr jeden Tag und kochte manchmal etwas vor und fror es ein. Ich plante so meinen Alltag, etwas, das ich vorher nicht getan hatte – aus Zeitgründen, aus Bequemlichkeit und natürlich, weil ich dachte, ohne mich versinken der Haushalt und das Familienleben im Chaos? Wieder so ein Glaubenssatz, dem ich auf die Spur gekommen war und eliminierte. „Du musst nur anfangen …", hatte Klara gesagt, und sie hatte recht. Wir erwachten allmählich aus unserem Dornröschenschlaf und nahmen das, was uns im Alltag störte, in die Hand und den Druck raus. Es war immer ordentlich bei mir, das kapierte ich auch langsam, dadurch konnte ich es auf ein paar Handgriffe beschränken, spannte meinen Mann und meine Tochter mit ein und das lief. Wieso hatte ich Kontrollfreak geglaubt, dass ohne mich nichts laufen würde?

Isa lernte höflich Nein zu sagen und war wie befreit und Cleo schaffte es von einer Bildschirmzeit von durchschnittlich fünf Stunden pro Tag auf drei Stunden. Sie legte das Handy einfach etwas weiter weg, sodass es aus ihrem Blickfeld verschwand – wenn es etwas Wichtiges gab, könnte sie auch zurückrufen – und erreichbar wollte sie abends eh nicht mehr sein. Und sie musste auch nicht ständig wissen, wer von ihren Facebook-Freunden wo was aß und wie es geschmeckt hatte und aussah.

Wir begannen uns wohler zu fühlen und hatten plötzlich Zeit.

Unsere Tipps:

- Überleg, ob deine geplanten Aktivitäten zeitlich realistisch sind
- Tanz nicht auf allen Hochzeiten

- Tolerier deinen Haushalt: Er wird nie perfekt sein. Kaum hat man aufgeräumt, die Wäsche gewaschen, gebügelt, die Küche und das Bad geputzt, alle herumliegenden Sachen wieder an ihren Platz geräumt, fängt es wieder von vorne an. Haushaltsarbeit ist und bleibt eine Sisyphusarbeit
- Entscheide, wann du erreichbar bist und wann nicht
- Schalte konsequent das Smartphone und den Laptop ab

5. Sauwohl in Job & Karriere

Ich wollte nie Karriere machen. Auch hier waren es die anderen, die das für eine gute Idee hielten und Erfolgreich sein mit einem Doktortitel oder CEO-Status verbanden. Und: Für die meisten Menschen sind Identität und Arbeit so eng miteinander verknüpft, dass es ihnen schwerfällt, die Begriffe »glücklich« und »erfolgreich« auseinanderzuhalten. Zu einem gelungenen Leben gehört in der heutigen Zeit ein erfüllender Job – das Glück folgt auf die Selbstverwirklichung.

Ich telefonierte mit Isa, die sich gerade mit der Entscheidung herumschlug, einen scheinbar besseren Job anzunehmen als den in ihrer PR-Agentur: mehr Verantwortung, mehr Kohle, aber vermutlich auch mehr Druck, mehr Arbeit, mehr innere Konflikte und noch weniger Zeit. Wie entscheidet man sich in einer Gesellschaft, die die Karriereleiter nur von oben schätzt und beruflichen Erfolg vor allem am Gehaltsscheck und einem klingenden Titel bemisst?

Was ist eigentlich eine Karriere?

- „Ich führe zehn Mitarbeiter!"
- „Ich habe es bis ganz nach oben geschafft!"
- „Ich bin Geschäftsführer!"
- Und: Ist Karrieremachen ausschließlich Managern vorbehalten? Für die meisten von uns bedeutet es natürlich, man macht eine imposante Karriere und arbeitet sich auf der Unternehmensleiter (ganz) nach oben – natürlich um anderen zu imponieren.

44

Die positiven Seiten einer Karriere seien deshalb auch kurz angesprochen:

- Mehr Geld als der Durchschnitt

- Ansehen und Anerkennung

- Macht

- Dinge aktiv beeinflussen können

- Nette Visitenkarte und Dienstwagen

Immer höher, noch schneller und so weit wie möglich – das scheint das Motto vieler deutscher Arbeitnehmer zu sein. Diese Einstellung kann eigentlich nur zwei Ergebnisse hervorrufen: Entweder man schafft es an die Spitze der Karriereleiter oder man landet früher oder später im Burnout. Dazwischen scheint es nichts mehr zu geben. Es beginnt schon im Bewerbungsgespräch. Wer hier auf die Frage: „Wo sehen Sie sich in fünf Jahren", antwortet: „Auf einer Insel", „Im Sabbatical", „Mit zwei Kindern", „Kein Plan", stinkt sofort nach fehlender Motivation. Isa, Cleo und ich waren uns einig, dass das der Duft der Wahrheit ist und keinen Rückschluss auf die Qualität des zukünftigen Mitarbeiters zulassen sollte. Aber das sehen viele Unternehmen leider anders. Erst absolvierten wir unser Abi, dann studierten wir oder machten eine Ausbildung. Anschließend starteten wir hochmotiviert ins Berufsleben. Im besten Fall bekamen wir den Job, den wir auch gerne machen wollten oder den unsere Eltern sich für uns wünschten.

Und dann ging's auch schon los und es juckte in den Fingern. Wie kann ich möglichst schnell und elegant den nächsten (Karriere-)Schritt machen?

Wenn es um den Job geht, sind wir Weltmeister im Verausgaben: Teams werden immer weiter zusammengekürzt und jeder Einzelne muss mehr Verantwortung übernehmen. Und was machen wir? Viele fügen sich diesen immensen Anforderungen, schließlich gibt der Erschöpfungszustand ihnen das Gefühl, etwas geschafft zu haben, Leistung erbracht zu haben. Und während man früher einen Schritt zurücktrat, stolz auf sein Werk war, das Geschaffene bewunderte und den Erfolg genoss, kommt es heute nur darauf an, wie erschöpft man ist.

Am Anfang nehmen wir uns fest vor, Job und Privatleben strikt zu trennen. Leider bleibt das nur Wunschdenken – irgendwann verschwimmen beide Welten doch miteinander, irgendwann wird man im Privatleben so sein wie im Beruf (wo man vermutlich die meiste Zeit verbringen wird). Isa verbrachte mehr Zeit mit ihren Kollegen als mit ihren Freunden.

Gleichzeitig wird bei vielen sichtbar, dass möglichst viel arbeiten UND ein Zusammenleben mit dem Partner zu organisieren, nicht funktioniert. Das zeigen sowohl die gestiegenen Krankschreibungen aufgrund psychischer Erkrankungen, mehr Trennungen und einsame alte Menschen. Sie machen unsere Leistungsgesellschaft brüchig und werden dennoch bislang politisch nicht als Problem anerkannt.

Das erklärt auch, warum die Zahl derer, die, wie Isa, innerlich gekündigt haben, so hoch ist und die Geburtenrate im europäischen Vergleich niedrig. Die deutsche Arbeitswelt scheint weder besonders glücklich zu machen noch zu ermutigen, eine Familie zu gründen. Wäre es in Anbetracht all dieser Tatsachen wirklich noch eine gute Idee, keine Karriere machen zu wollen? Es scheint die einzig kluge Entscheidung! Die krasseste Mega-Idee, die es bisher dazu gab, unsere Arbeitswelt zu verändern und die Geschwindigkeit zu drosseln, war die Erfindung der „Work-Life-Balance". Aber wie steht es wirklich um dieses Gleichgewicht, das eigentlich keins ist? Die Instabilität von zu viel Arbeit und zu wenig Freizeit ist für viele zum Normalzustand geworden. Wir akzeptieren, dass etwas nicht funktioniert, optimieren in mühevoller Kleinarbeit um uns herum und glauben zudem noch, dass alle anderen es hinbekommen, nur wir nicht. Stattdessen müssten wir diese Balance als etwas Natürliches begreifen. Solange wir uns nicht dagegen wehren, was schon ein stinknormaler Job und erst recht eine Karriere von uns verlangen, wird es eine Work-Life-Balance so nicht geben.

Wir sollten von den Menschen lernen, die sowohl beruflich als auch privat zufrieden sind und mit der eigenen Arbeit auch dann etwas bewirken können und in ihr Sinn finden, wenn sie lediglich einen Teil ihrer Zeit und Energie dafür aufwenden müssen.

Cleo, Isa und ich beschlossen, dass wir aufhörten, einen Berufsweg als Karriere zu bezeichnen, der – wie bei Isa – mitunter erforderte, dass der Rücken kaputt ging und man Freunde kaum noch sah.

Auch wenn viele darüber trotzdem immer noch den Kopf schütteln, gibt es Menschen, die keine Karriere anstreben. Dennoch wollen sie in ihrem Job sehr gute Arbeit leisten, sich weiterbilden und auch gegenüber Weiterentwicklung und Verantwortung offenbleiben.

Karrieremachen bedeutet eben nicht zwangsläufig beruflich steil nach oben zu gehen, sondern im weitesten Sinne „der berufliche Werdegang".

Jeder kann also „seine ganz persönliche Karriere machen" und dabei kommt es nicht darauf an, dass man ein Team oder ganzes Unternehmen leitet oder ein sechsstelliges Jahresgehalt verdient. Es bedeutet, dass man seine Potenziale ausschöpft, nicht unter seinem Know-how arbeitet, und natürlich pfiffig „über den Tellerrand schaut". Es sollte doch möglich sein, Erfüllung in unserem Beruf zu finden und gleichzeitig die Beziehungen zu anderen Menschen zu pflegen und neue aufzubauen, ohne dass die Gesundheit leidet.

Also stelle dir die Fragen:

1. Was kann ich?
2. Welche Fähigkeiten habe ich denn?
3. Was ist mein Ziel und wie gelange ich dorthin?
4. Wie will ich leben?
5. Was macht mich langfristig und nachhaltig wirklich zufrieden?

Zu fotografieren und Menschen damit zu inspirieren, das ist es, was mich zufrieden macht. Das wusste ich jetzt. Dann muss man sich auch nicht mit anderen vergleichen, wenn man das macht, was man besonders gut kann, und vor allem Spaß dabei hat.

Und dann kann auch das nächste Klassentreffen kommen und die irrwitzige Frage:

„Und? Was machst du so?" mit einem: „Meinen Traumjob!" lächelnd beantwortet werden.

Wir sind immer auf der Suche: nach uns selbst, nach Erfolg, nach Anerkennung! Das hört nie auf. Ist ein Projekt erfolgreich abgeschlossen, steht nahtlos das nächste bevor. Keine Zeit, kein Durchatmen, keine Freude mehr.

In Frankreich gibt es auch im Arbeitsalltag eine ausgeprägte Genusskultur: Geschäftsbeziehungen beginnen dort mit einem gemeinsamen Essen und nicht mit einem Sprung in Verhandlungen. Leistungsdruck ist so lange in Ordnung, solange wir das Gefühl haben, in einem sinnvollen Arbeits- und Lebensprozess zu sein. In dem Moment, in dem das Gefühl hochkommt, nur noch getrieben zu werden, wird es ungesund.

„Vielleicht kommt irgendwann die Erkenntnis, dass die 60-Stunden-Woche nicht mehr als ein goldener Käfig ist. Zufriedenheit hat mit innerem Einklang zu tun, nicht mit dem letzten Schritt auf der Karriereleiter." (Michael Klein)

Ja zu Downshifting, also die bewusste Verringerung der Arbeitszeit für ein erfüllteres Leben.

Mutig ist, wer einfach runterschaltet und die Notbremse zieht, beruflich kürzertritt und anstelle der 60-Stunden-Woche ganz bewusst eine wirklich ausgeglichene Work-Life-Balance wählt. Ja, es ist ein großer Schritt, der mitunter bedeutet: keine „große Karriere" und damit weniger Geld.

Aber was zeigt die Work-Life-Balance-Anzeige auf der anderen Seite: mehr Zeit für Familie und Freunde, mehr Zeit

für Hobbys, weniger Stress und Zeitnot, und oft ist sie die letzte Möglichkeit zur Abwendung eines Burn-out-Syndroms oder einer stressbedingten psychischen oder physischen Erkrankung. Erfahrungsberichte über Downshifting zeigten eine deutlich höhere Lebensqualität. Das Sprichwort „Glück kann man sich nicht kaufen" scheint in den meisten Fällen also zuzutreffen. Und so entschied ich mich für etwas weniger Geld und mehr Lebensqualität.

Unsere Tipps:
- Karriere bedeutet nicht, Manager zu sein
- Karriere ist nicht eine Frage der Schnelligkeit, sondern deiner persönlichen Ziel- und Lebensplanung

- Karriere ist für jeden individuell: Du allein definierst, was Karriere für dich persönlich bedeutet und wann du welche Ziele erreichen möchtest. Es ist dein Werdegang
- Die Zeiten, in der das Klettern auf der Karriereleiter das Maß aller Dinge ist, sind vorbei
- Wer sich bewusst darüber ist, was Karriere für ihn persönlich bedeutet, und diesen Weg beschreitet, der ist glücklich
- Es geht nicht um die gesellschaftlich anerkannte Karriere. Es geht nicht um die Karriere, die Freunde oder Familie von einem erwarten, sondern um den beruflichen Werdegang, der dich persönlich zufrieden macht

6. Sauwohl von Kopf bis Fuß

Manchen ist das nicht unbekannt: Viel zu viel Speck auf den Hüften, schwabbelige Oberschenkel, die Haare zu dünn, die Haut nicht glatt genug und von den Winkeärmchen ganz zu schweigen. Und die Bauchmuskeln ... Moment mal, welche Bauchmuskeln? Die Mehrheit der Menschen, vor allem Frauen, ist unzufrieden mit ihrem Körper. Ursachen dafür sind vor allem die Medien und völlig unrealistische Idealvorstellungen. Aber auch Werte und Ansprüche von Familie und Gesellschaft an unser Aussehen tragen vermehrt dazu bei. Es war an der Zeit, auch das unter die Cellulite zu nehmen. In einer Gesellschaft, die zunehmend mit Topmodels und durchtrainierten Schauspielern um die Aufmerksamkeit für Produkte wirbt, ist es demnach kein Wunder, dass es mit der Zufriedenheit mit dem eigenen Körper nicht so gut gestellt ist.

Zu klein, zu groß, zu dick, zu dünn? Mit Gewicht und Figur sind wir nie zufrieden. Jede noch so vielversprechende Diät und sei es 4 kg in einer Woche ist uns gerade gut genug. Und wenn wir 4 kg abgenommen haben, müssen es mindestens noch 5 weitere sein: Es wird gefastet, gecremt, gebürstet, massiert und gedetoxt, vielleicht auch gebotoxt, um jünger und schlanker auszusehen. Aber wofür machen wir uns diesen Stress? Und wer sagt, ab wann man zu dick, dünn, groß, klein ist? Warum fühlen sich manche Menschen berufen, ein Geschmacksurteil abzugeben – könnte es ihnen nicht egal sein, was andere wiegen oder wie dick ihre Oberschenkel sind? Kritische Kommentare, unerwünschte Blicke oder gut gemeinte Ratschläge – darauf kann ja wohl jeder verzichten, egal wie viel Kilogramm er wiegt.

Und diese Unzufriedenheit mit dem eigenen Körper teilen wir Frauen erschreckenderweise mit mindestens jeder zweiten Frau. Und auch Isa war nie zufrieden mit ihrer Figur. Sie war das, was Medien und Instagram bereits ein Vollweib nennen würden: sehr schöne Kurven, alles am rechten Fleck, aber eben nicht Kleidergröße XXS. Sie war top gepflegt, in Sachen Fingernägel und glänzender blonder Haare konnte ihr niemand etwas vormachen. Bei mir war es das Bauchfett, das sich liebevoll um die Mitte meines Körpers gelegt hatte, das mein Mann aber sehr verehrte, und bei Cleo waren es eigentlich „nur" die Krähenfüße. Trotzdem schauten wir jeden Tag in den Spiegel und cremten, was die Anti-Aging-Mittelchen so hergaben. Warum fühlten wir uns nie wohl in unserem Körper, unserer Wohnung quasi? Der Mensch vergleicht sich eben gerne. Dem Vergleich des eigenen Körpers mit den perfekten Körpern auf Werbeplakaten halten nicht viele stand. Die Folgen sind vorprogrammiert: Unzufriedenheit und Minderwertigkeitsgefühle.

Das Paradoxe wurde mir nach einem Gespräch mit meinem Kollegen klar, der nicht fassen konnte, dass seine 16-jährige Tochter sich die Haare verlängern, die Nägel machen und die Lippen ein wenig aufpolstern wollte – und absolut nicht zufrieden mit ihrem Körper war.
Warum machen Frauen das? Warum lasst ihr nicht alles, wie es ist? Ich kenne sehr viele Männer, die Frauen auch ohne übertrieben lackierte Nägel, von der Stirn bis zum Hintern glattgebügelt und ständig Salatblätter knabbernd mögen.

Wie kann es dann sein, dass wir uns dauernd beklagen und uns auch hier nie einfach sauwohl fühlen? Wie kann es sein, dass der Griff an den

Bauch, der Kauf von Anti-Aging-Cremes und der tägliche Gang zur Waage zum Alltag gehören? Warum sind wir nicht zufrieden mit Normalgewicht? Ist uns normal nicht gut genug? Und wer definiert eigentlich „normal"? Das fragten wir uns ein ums andere Mal. Unser Körper muss schöner sein als jedes retuschierte Cover einer Modezeitschrift. Normal reicht uns eben nicht mehr, normal ist eine Illusion, die uns nervös werden lässt. Deshalb sagten wir auch hier, nicht den Kilos und Kleidergrößen den Kampf an, sondern uns selbst, der Werbung und den (sozialen) Medien, in denen nur suggeriert wird, dass alle anderen „hinter den sieben Bergen tausendmal schöner sind als du". Bullshit!

Vor allem die Werbung gaukelt uns etwas vor, von wegen „Ich will so bleiben wie ich bin", das geht nur mit kalorienarmem Aufstrich gefolgt von Frauen, die bereits in jungen Jahren Faltenminderungscremes verwendeten. Das sollte normal sein? Hinter dem Wunsch normal, also so zu sein, wie es uns die Werbung vorlebt, steckt oft ein ganz anderer Wunsch. Der Wunsch nach Akzeptanz, Anerkennung und Liebe. Viele von uns assoziieren den „perfekten" Körper mit Schönheit, Stärke, Erfolg und Glück – dadurch kommen Anerkennung und Liebe ganz von allein. Weit gefehlt.

Nicht jeder ist glücklich, wenn er sich von Obst ernährt und mittags Salatblätter knabbert. Viele denken, Dicke sind nur deshalb unglücklich, weil sie dick sind. Aber sie sind unglücklich, weil man ihnen so viel Stress macht – weil „die anderen" ein Problem aus dem Gewicht machen. Es sind oftmals die äußeren Kritiker, die einwirken und sich auf unser Inneres auswirken. Negativ in den meisten Fällen.

Also, warum lassen wir nicht alle, wie sie sind, und definieren niemanden über die Kleidergröße und kehren erstmal vor unserer eigenen Tür, anstatt immer nur zu problematisieren. Kaffee und Kuchen dürfen wir uns ja wohl gönnen, ohne im Kopf die Kalorien zählen zu müssen und gleichzeitig zu überlegen, was wir dafür tun müssen, um sie wieder wegzukriegen. Diäten bringen nur Stress, also genießt doch eure Schokosahnetorte mit einem Latte macchiato.

Wer bestimmt denn, wann wer dick oder dünn ist? Es tut niemandem weh, wenn wir „das Schönheitsideal" (wenn es denn noch eins gibt) ein bisschen verschieben. Ich möchte nur einmal daran erinnern, dass in anderen Epochen ganz andere Schönheitsideale galten. Zufriedenheit mit dem eigenen Körper erlangen ist häufig jedoch nicht einfach nur weniger essen und eventuell noch etwas mehr Sport treiben. Was viel spannender und nachhaltiger dabei ist, ist, sich das eigene Glaubenssystem hinter dem Körpergewicht anzuschauen.

Vom Wunschgewicht zum Wohlfühlgewicht

Und so legten wir wieder los und hinterfragten einmal mehr, warum auch wir uns in den Strudel ziehen ließen und lieber auf äußere Kritiker hörten, als auf uns selbst.
Wir schrieben also alles auf, was wir dachten und schon zu hören bekommen hatten, um es schwarz auf weiß zu sehen und positiv umzuformulieren:

- Mist, ich habe 500 Gramm mehr als gestern auf der Waage, das kann doch gar nicht sein

- Ich muss meinen Teller immer aufessen, das gehört sich so
- Ich darf kein Essen wegwerfen, das ist Verschwendung
- Gesundes Essen schmeckt nicht
- Ich nehme schon zu, wenn ich Kuchen nur anschaue
- Ein paar Pfunde weniger stehen dir bestimmt (besser)
- Ab Kleidergröße 40 ist man pummelig
- Heute esse ich nur Gemüse
- Übergewichtige Menschen sind unglücklich
- Hast du zugenommen?
- Schwarz macht schlank, steht dir!
- Ich fühle mich fett
- Ich wäre gerne schlanker
- Ich gehe auf die 50 zu, da muss ich äußerlich und körperlich mithalten
- Wenn ich Pizza esse, denke ich noch während des Essens daran, wie lange ich Sport machen muss, um diese Kalorien wieder loszuwerden
- Wenn die Hose zwickt, werde ich nervös
- Nein, ich kaufe mir keine Konfektionsgröße größer, ich lege lieber eine Diät ein

Alle diese Punkte würden wir ab sofort in positive Gedanken umformulieren und uns gönnen, was und wann wir es wollten. Natürlich aßen wir nicht jeden Tag Schokotorte mit Sahne und Pizza. Aber wir wollten auch kein schlechtes Gewissen mehr haben, wenn wir es taten, und uns gleich auf die Waage stellen. Es galt auch hier das Sauwohl-Prinzip:

Genießen und leben im Hier und Jetzt und Heute. Cleo erfüllte sich daraufhin gleich einen großen Wunsch, kaufte sich ein Rennrad und stieg förmlich nicht mehr ab. Wir fanden für uns heraus, dass Bewegung der Schlüssel zu vielen positiven Veränderungen, Dingen, Stimmungen und Beschwerden war. Wer sich regelmäßig bewegt, fühlt sich automatisch wohler in seinem Körper.

Unsere Tipps:

- Konzentriere dich auf die Menschen, die dir guttun. Wer dich kritisiert oder verändern will, ist vielleicht nicht der richtige Freund
- Nimm dir bewusst eine Auszeit von Instagram & Co. Sie konfrontieren uns jeden Tag mit vermeintlicher Perfektion. Es führt nur zu einem Realitätsverlust, nagt am Selbstbewusstsein und macht auf Dauer unglücklich
- Verzichte auf Waage & Spiegel. Vor allem beim Blick in den Spiegel fallen uns zahllose Kleinigkeiten auf, die wir verdammen wollen. Wer sich im eigenen Körper wohlfühlen will, muss diesen Teufelskreis durchbrechen und sich nicht täglich mit Argusaugen „scannen". Gleiches gilt im Übrigen auch für die Waage. Sie zieht uns, wenn wir 500 Gramm zugenommen haben, sowieso nur runter. Verlasse dich besser zunächst einmal nur auf den Knopf deiner Hose
- Körperhaltung: Stolz ist eine Haltungsfrage. Nicht umsonst heißt es: Schultern zurück, Brust raus, Kopf hoch und lächeln.

Wer sich in seinem Körper wohlfühlen will, muss Haltung annehmen

- Move your body and your mind will follow (engl. Sprichwort)
- Bewegung macht fröhlich und gesund – mental und körperlich.
  Wer sich in seinem Körper wohlfühlen will, muss ihn auch be-
  nutzen. Ein gutes Körpergefühl entsteht, wenn wir uns mit
  Freude bewegen
- Relaxe und mach dich locker. Entspannung ist der wichtigste
  Faktor für mehr Wohlgefühl. Gönne also deinem Körper und
  deiner Seele aktive Entspannungsmomente

7. Sauwohl im Alter

Hängebrüste, Wechseljahre, Lesebrille, Krähenfüße, Altersvorsorge –
mit zunehmendem Alter verändern sich nicht nur die Gesprächsthemen.
Die Haut wird schlaffer, die Haare grauer. Beim Thema Älterwerden
denken viele außerdem sofort an rüstige Rentner mit oder ohne Rolla-
toren, Best Ager, Seniorenteller, Anti-Aging, Winkearme und mögliche
Botox-Partys. Gerade Frauen tun sich mitunter schwer, die Zahl der
Jahre zu akzeptieren, mal bewusst mal unbewusst. Cleo zählte jedes
graue Haar und schaute sich alle Falten genau an. Jedes noch so vielversprechende faltenreduzierende Tiegelchen wurde von ihr gekauft.
Sie stand kurz vor der 50 und hatte ein Riesenproblem mit dieser Zahl.
Sie wäre einfach gerne jünger und wusste noch nicht einmal warum.
Vermutlich die Angst, „zum alten Eisen" zu gehören, von jetzt an ein
„Silver Surfer" zu sein, „ein grauer Panther". Sie hing immer noch ihren
wilden, unbeschwerten, leichtsinnigen, freien, dynamischen und fri-
schen 20ern hinterher. Aber all das war sie jetzt auch. Vielleicht nicht
immer unbeschwert und leichtsinnig, aber auf jeden Fall fröhlich und dynamisch. Das musste sie eigentlich nur noch verinnerlichen. Eigentlich.

Es wird gecremt, gebürstet oder geliftet, um das ein oder andere unver-
meidbare Fältchen doch noch aufhalten oder zumindest hinauszögern
zu können. Aber irgendwann erwischt es jeden. Und dann? Leben wir
doch einfach damit!
Der eine fühlt sich alt, wenn er erste graue Haare findet. Die andere,
wenn man ihr zum ersten Mal einen Sitzplatz im Bus anbietet oder Ju-
gendliche einen mit „Sie" ansprechen. Ich weiß noch, als meine Mama

40 wurde. Ich fand das damals alt. Obwohl sie es nicht war und bis heute nicht ist.

Ob, ab wann und wie sehr wir unter unserem Alter leiden, ist eine persönliche, aber vor allem auch gesellschaftliche Frage: Wer schon in seinen 30ern ein zufriedener Mensch war, wird das auch mit 66 Jahren noch sein. Neben diesen persönlichen Glücksparametern beeinflussen aber noch andere Faktoren, wie zufrieden oder unzufrieden jemand seinen Lebensabend erlebt. Dabei kommt es neben körperlicher Gesundheit und geistiger Fitness vor allem darauf an, die eigenen Lebensumstände zu akzeptieren und ein selbstbestimmtes Leben zu führen.

Alter ist keine Frage einer Zahl oder der Kerzen auf der Torte. Und wir kamen zu dem Schluss, dass es heutzutage gar nicht mehr „das Alter" gibt. Selbst der Beginn des Rentnerdaseins, sagt der Heidelberger Altersforscher Hans-Werner Wahl, markiere keine „künstliche Grenze". „Mit 65 oder 66 Jahren oder gar noch früher wird doch heute niemand mehr als alt bezeichnet."

Ich habe jetzt genau das richtige Alter, ich muss nur noch rausfinden wofür!

Und: Warum denken alle, dass man nur mit Mitte 20 jung, mobil, dynamisch, aufgeschlossen und leistungsfähig ist? Auch hier sollten wir uns alle mal locker machen, den Druck rausnehmen und den ewigen Jungbrunnen mit seinen verstaubten Glaubenssätzen ad acta legen.

Isa, Cleo und ich hatten dafür alles, was uns in den Sinn kam, auch was uns ärgerte, aber vor allem, was wir ändern wollten, notiert:

Schönheit ist keine Frage des Alters

Das ist natürlich nichts Neues, aber es schadet auch nicht, es sich immer wieder vor Augen zu führen. Wer mit sich im Reinen ist, strahlt dies auch nach außen aus. Das hat nichts mit einer Zahl zu tun. Man kann mit 20 genauso schön sein wie mit 50. Viele Menschen setzen aber leider Schönheit mit Jugend gleich und verwechseln beides vollkommen. Gott sei Dank kommt mit dem Alter auch die Gelassenheit: Attraktivität wird dann nämlich nicht mehr an einem möglichst jugendlichen Aussehen gemessen, sondern eher an einem gepflegten Äußeren.

Social Media. Schon wieder!

Im Zeitalter von Instagram wird jedem vorgegaukelt, wie schön, straff, falten- und damit sorgenfrei das Leben doch ist. Ein Leben, in dem kein Blogger/Youtuber/Influencer arbeitet, sondern drei Insta-Stories pro Monat dreht und damit sein Leben finanziert, sich von fotografierten Avocado-Toasts auf Bali ernährt und Klamotten sämtlicher Modemarken in die Kamera hält. Darüber können wir immer nur noch gähnen und schnell weiterscrollen. Das ist nicht das echte Leben. Und das sollten und wollten wir auch unseren Kindern klarmachen.

Erfahrung & Wissen – auch im Job

Wir werden immer älter, d. h. auch erfahrene Mitarbeiter müssen länger im Erwerbsleben bleiben. Doch nach wie vor lassen es Arbeitgeber zu, dass geballtes Wissen und langjährige Erfahrung frühzeitig in Rente geschickt werden. Zahlreiche Umfragen und Statistiken belegen, dass Unternehmen wenig tun, um erfahrene Mitarbeiter im Unternehmen zu halten und einzusetzen. Richtig einzusetzen. Solange es Gesellschaft und Arbeitswelt nicht verinnerlicht haben, dass man nicht gleich „zum alten Eisen" zählt, wenn man 40 oder 50 wird, bleibt „40 ist das neue 30" nur ein Spruch. Aber das müssen wir ja so nicht hinnehmen, d. h. natürlich nicht, dass wir morgen alle auf die Straße gehen und demonstrieren. Wir zeigen uns weiterhin so, wie wir sind: Ich bin so alt, wie ich eben bin, und fühle mich damit wohl.

Chill mal

Eine weitere wichtige Eigenschaft ist eine gewisse Gelassenheit, die das Alter zumindest öfter als früher mit sich bringt. Diese Akzeptanz führt dazu, dass es besser gelingt, die hohen Ansprüche an sich und die Möglichkeiten in Übereinstimmung zu bringen – und damit am Ende des Tages mehr Zufriedenheit zu erlangen.

Alles eine Frage der Definition

Wenn wir uns weniger auf unseren Körper und die Jahresringe fixieren, sondern mehr auf einen wunderbaren Freundeskreis, Zufriedenheit im

Job, die Familie oder auch nur ein ungewöhnliches Hobby, werden die Falten automatisch zu Lachfalten.

Rückblick und Vorschau

Für unsere Zufriedenheit kann es nie schaden, einen Blick in die Zukunft zu werfen und sich „auf das, was da noch kommt", zu freuen, sich aber gleichzeitig bewusst zu machen, was man schon alles geschafft und erreicht hat. Wahrscheinlich kennt jeder Situationen in seinem Leben, bei denen er sich heute anders entscheiden würde. Wichtig ist dennoch, sich deshalb nicht zu grämen und zu bereuen, sondern unter dem Strich eine positive Lebensbilanz zu ziehen. Also was machen wir mit all dieser Zukunft? „Na, darauf freuen", waren wir uns einig.

Gut altern lässt sich erlernen

Wie gelassen jemand sein Leben und die eigenen Umstände annimmt, ist auch eine Charakterfrage. Einige bringen diese Einstellung von sich aus mit, andere nicht. Es lohnt sich aber, daran zu arbeiten, denn egal, wie alt wir sind, ein gutes Leben kommt nicht einfach – und schon gar nicht von allein. Es klopft nicht an die Tür, nimmt dich an die Hand und mit ans Meer oder wo immer du hinwillst. Das musst du schon alleine entscheiden, und dann auch „machen"!

Und natürlich ist man nie zu alt für ein neues Hobby, eine neue Fremdsprache, einen Marathon, einen neuen Job, eine Firma zu gründen ...

„Man muss nur offenbleiben, dann kommt der zweite Frühling auch nicht mit den dritten Zähnen." (W. Matthau)

Darüber, wie wir uns tatsächlich fühlen, entscheidet eben unsere Einstellung zum Leben.

Hier kommen unsere Tipps:

1. Alter ist nur eine Zahl – sie sagt nicht, wer du bist
2. Das Alter wird kommen, egal, ob du davor Angst hast oder nicht, also lebe!
3. Mach viele Fotos und halte alle schönen Momente fest – du wirst dankbar dafür sein
4. Pflege Freundschaften und behalte immer einen (kleinen) Kreis an Freunden
5. Beende schlechte Beziehungen – du kannst eine andere Person sowieso nicht ändern
6. Lächle oft
7. Höre niemals auf zu lernen und dich körperlich und mental zu verbessern
8. Lass dir von niemandem sagen, dass du zu jung oder zu alt für etwas bist
9. Fokussiere dich auf alle positiven Aspekte anstatt auf Anti-Aging
10. Älter werden heißt auch besser werden

11. Auf die Perspektive kommt es an: Man kann die Falten in den Fokus rücken oder die Fitness, die ich noch habe

12. Nichts macht einen so alt, wie der ständige Versuch, jung zu bleiben!

8. Sauwohl – mit der richtigen Zeit

Wir laufen den ganzen Tag oder rollen durchs Hamsterrad – immer einem „Projekt" hinterher. Und wenn dies erledigt ist, beginnt das nächste, egal ob Job, Familie, Haushalt, Kinderbetreuung, Einkaufen, Kochen, Hausaufgaben etc.

Auch abends scheint es keinen richtigen Feierabend mehr zu geben, schnell noch die Mails und die Welt-News checken, den Instagram-Account auf den neuesten Stand bringen, Küche aufräumen, die Sachen für den nächsten Tag bügeln und schauen, was die anderen auf Facebook so treiben. Die ständige Erreichbarkeit lässt einen nie zur Ruhe kommen.

Es scheint, als würde man nie fertig! Und am Ende des Tages bleibt keine Stunde für Träumen, Durchatmen, Erholung, Sport, Freizeit oder Freunde: Alles muss auf die Minute in unserem streng getakteten Alltag geplant werden – online wie offline.

Es ist natürlich auch ein gesellschaftlich anerkanntes Phänomen, wenn man bienenfleißig so viel wie möglich schafft, nur um am nächsten Tag noch mehr zu schaffen. Denn natürlich nicken alle anerkennend, wenn man nebenbei noch schnell nachts Muffins backt, den Pullover für sein Kind selbst strickt, sich weiterbildet, zehn statt acht Stunden im Büro verbringt und die Wohnung glänzt, als wäre Meister Proper zu Besuch gewesen. Aber was hat man eigentlich davon? Man hat das getan, was man tun musste, und für das, was man gerne tun wollte, bleibt keine Zeit mehr.

Das Leben beginnt da, wo die Zeit egal ist

Nicht auf die Uhr schauen ist natürlich nicht immer einfach, aber am Wochenende klappt das meistens schon ganz gut bei mir. Sich nichts vornehmen, das Wochenende nicht mit minutiös geplanten Aktivitäten vollstopfen, Pizza bestellen statt kochen, lesen statt Social Media, einen Film auf dem Sofa schauen statt E-Mails checken, Sport statt Selfies. Denn der Preis für das ständige Rennen nach der Zeit ist hoch, und dieses Rennen gewinnt man nicht! Es endet höchstens in totaler Erschöpfung.

Was, wenn wir jeden Tag eine Stunde mehr Zeit hätten

Wir würden noch mehr schaffen wollen, noch mehr Zeit im Büro verbringen, noch mehr putzen, bügeln, und die Kinder gleich mit: noch mehr lernen, noch mehr Hausaufgaben, noch mehr Klavier.

Mit einer Stunde mehr könnte man aber auch einfach mal: langsamer laufen, öfter stehen bleiben, den Moment auskosten, mehr faulenzen, ohne schlechtes Gewissen, oder eine alte Freundin anrufen.

In einer Leistungsgesellschaft dreht sich alles um Erfolge und Zeit. Aber: Keiner hat mehr Zeit, der Druck, Stress und die Termine nehmen rundherum zu. Die Menschen sind ausgepowert, haben oft keine Lust und keine Freude mehr für das wahre Leben. Ständig müssen wir funktionieren, terminieren, abarbeiten, hetzen, aufräumen, putzen: hier noch eine To-do-Liste, da noch einen Plan aufstellen. Ins Restaurant können wir nicht mitgehen, weil wir noch zum Pilates müssen, und die Lasagne können wir auch nicht genießen, weil wir auf Low-Carb-Diät sind. Keiner hat mehr Zeit. Vor allem nicht für sich selbst!

Wir denken zu viel „in Zeit"

Ich habe nur sechs Stunden geschlafen, weil ich nicht einschlafen konnte oder ich habe eine Stunde die Wohnung geputzt oder ich habe heute wieder Überstunden gemacht. Ständig denken wir in Stunden oder ganzen Wochen.

Kommt es nur mir so vor?

Als Kind verging die Zeit viel langsamer, wir konnten uns ewig mit einer Sache beschäftigen oder draußen mit Freunden toben. Wir hatten kein Zeitgefühl.

Und die Zeit war eigentlich nur für Spielen, später für Hobbys reserviert. Ich sah selten auf die Uhr, nur wenn ich nach Hause musste. Und irgendwie hatten immer alle Zeit.

Aber nach Schule und Studium heißt es dann plötzlich: **Nur keine Zeit verlieren, schnell arbeiten.** Man muss ja was schaffen, was erreichen, was leisten! Und man will es natürlich auch.

Bloß nicht faul sein, bloß nicht auf der Stelle treten. Weitermachen.

Und dann?

Tag ein Tag aus: an denen man dieselben Wege geht, dieselben Menschen trifft und dieselben Aufgaben erledigen muss. Das Paradoxe daran: Je schöner ein Erlebnis war und je länger es rückblickend erscheint, desto schneller verging die Zeit, als es tatsächlich passierte.

Gefangen im Hamsterrad

Heute rennen wir von einem Termin oder Projekt zum nächsten. Wir warten auf das Wochenende, den nächsten Urlaub. Wir bleiben einfach nie stehen. Wir sollten einfach mal anhalten, nicht heute schon an das nächste Projekt denken, den nächsten Artikel, den nächsten Termin, sondern einfach die Dinge laufen lassen, so, wie sie sind. Und vor allem sollten wir uns freuen, dass wir etwas geschafft haben.

Nutzen wir die Zeit sinnvoll?

Was machen wir mit unserer Zeit und was macht sie mit uns? Schule, Hausaufgaben, Sport, Wohnung ordentlich halten, Was-kochen-wir-heute-Abend klären, Geburtstagsgeschenke kaufen, Steuerberater anrufen, Zahnarzttermin vereinbaren und natürlich hingehen. Urlaub planen. Das Wochenende planen. Gefühlt ist jeder Tag fremdgesteuert. Und nicht immer nutzen wir die Zeit sinnvoll. Ein bisschen Muße ist das dazugehörige Zauberwort.

Ihre Zeit ist begrenzt, also verschwenden Sie sie nicht damit, das Leben eines anderen zu leben. Lassen Sie sich nicht von Dogmen in die Falle locken. Lassen Sie nicht zu, dass die Meinungen anderer Ihre innere Stimme ersticken. Am wichtigsten ist es, dass Sie den Mut haben, Ihrem Herzen und Ihrer Intuition zu folgen. Alles andere ist nebensächlich.

Steve Jobs

Das Beste kommt zum Schluss:

Der Faulenzertag. Plane ihn fest ein, ohne schlechtes Gewissen: Heute machen wir mal nichts. Kein Putzen, kein Einkaufen, keine Verabredungen, irgendwo hinfahren, einfach nur das tun, wozu man Lust hat, und wenn es nur auf dem Sofa sitzen ist. Das ist nicht nur schön, sondern auch sehr gesund.

Geschwindigkeit drosseln: Alles etwas langsamer angehen, nicht durch die Wohnung rennen, mit dem Auto rasen, durch die Straßen hetzen – verlangsame mal bewusst deine Geschwindigkeit.

„Me Time" – Hier kommen ein paar Inspirationen:

1. Selbstreflexion: Die Zeit einfach mal nutzen, um zu schauen: Was läuft gut? Und: Wo kann ich mich noch verbessern bzw. bin ich unzufrieden?

2. Nimm ein Buch und lies. Etwas Spannendes, Hochkriminelles oder Unterhaltsames: Ein gutes Buch fesselt und regt die Fantasie an. Ganz egal, ob ein lustiger Roman, Krimi oder Fantasy

3. Gönn dir und genieße es in vollen Zügen: einen Cappuccino oder guten alten Pfefferminztee auf dem Sofa

4. Nach getaner Arbeit einem ausgiebigen Shoppingbummel frönen: Dem ist nichts hinzuzufügen

5. Beim Backen eskalieren und neue Rezepte ausprobieren

6. Farbe ins Spiel bringen: dekorieren, umgestalten. Ändern – wirkt gleich wie neu

7. Ausmisten. Trägt unheimlich zur Entspannung bei

8. Raus, durch Wald und Wiesen: Ein kleiner Spaziergang macht den Kopf frei und regt die Durchblutung an

9. Noch mehr Bewegung: Joggen, joggen und nochmals joggen (für die Läufer unter uns: Laufen gehen). Wichtig dabei ist, dass du nicht gleich beim ersten Mal 5 Kilometer schaffen musst. Fange langsam an. Also beginne einen Lauf mit einer Minute joggen, dann eine Minute gehen, dann vielleicht zwei Minuten laufen und wieder eine Minute gehen. Setze dir kleine Ziele – sonst überforderst du dich und gibst zu schnell auf. Und es soll ja Spaß machen. Joggen versorgt dein Gehirn mit frischem Sauerstoff, verbrennt jede Menge Kalorien, baut Stress ab und stärkt auch noch dein Immunsystem

10. Starte mit einem Bullet Journal, um z. B. Bucket Lists & Co. festhalten zu können, also Listen mit Dingen, die du in deinem Leben gerne noch tun möchtest

9. Sauwohl mit einem herzhaften „Nein"

„Warum hast du nicht Nein gesagt?", fragte ich Isa bei unserem nächsten Treffen.

„Meinst du den Song von Roland Kaiser?"

„Ich meine dich!"

Isa war diejenige, die unangenehme Arbeiten für andere übernahm, Geld verlieh, Klamotten kaufte, die sie eigentlich nicht wollte, weil sie der Verkäuferin gegenüber nicht Nein sagen konnte, oder sich bequatschen ließ beim Flohmarkt ihrer Freundin Sabine zu helfen, obwohl sie weder Lust noch Zeit hatte.

Aber um sich rundum sauwohl zu fühlen, muss man so dann und wann und ohne schlechtes Gewissen Nein sagen können – und sich hinterher nicht dafür rechtfertigen.

Der Klassiker: „Natürlich" oder „Sehr gerne". Wir sagen „Ja", obwohl wir „Nein" meinen. Isa wusste, dass sie mit dem Gefühl, nicht Nein sagen zu können, nicht alleine war. Regelmäßig hörte sie aus ihrem Umfeld Sätze wie „Eigentlich habe ich keine Lust, aber ..." oder „Ich konnte einfach nicht Nein sagen." Aber warum eigentlich nicht? Warum sagen wir so häufig Ja, wenn wir eigentlich Nein sagen möchten – und ärgern uns dann im Nachhinein über uns selbst?

Eigentlich wollte man Nein sagen, aber dann hat man doch wieder „das Bonbon an der Hose", unterstützt Kollegen oder hilft das ganze Wochenende Freunden beim Umzug, obwohl man eigentlich andere Pläne hatte.

Viele von uns können einfach nicht Nein sagen, weil sich sofort das schlechte Gewissen breitmacht und/oder man den anderen nicht enttäuschen möchte, weil es unhöflich ist und man sich schuldig fühlt. Isa schrieb also ihre Gedanken dazu auf:

- Ein Nein wirkt unfreundlich und unhöflich
- Ich habe Angst, ein Nein könnte dazu führen, andere vor den Kopf zu stoßen und abgelehnt zu werden
- Alle anderen sagen auch Ja und ich will kein Spielverderber sein
- Ja-Sagen erspart mir die unangenehme Nachfrage nach dem „Warum nicht?"
- Ich will unangenehme Reaktionen vermeiden
- Ich will niemanden enttäuschen oder kränken
- Ich will nicht egoistisch wirken
- Es könnte Konsequenzen für mich haben
- Ich finde es manchmal auch ganz schön, gebraucht (und hoffentlich nicht ausgenutzt) zu werden
- Ich tue gerne Gutes, verliere aber manchmal die Balance

Hinter der Angst, Nein zu sagen, steckte natürlich die blanke Angst vor negativen Konsequenzen: die Angst vor Zurückweisung und Ablehnung. Ein Teufelskreis. Und „nur Mut" reichte da oft nicht aus. Aber Isa nahm tatsächlich all ihren Mut zusammen und lernte es. Und es war sehr befreiend. Und sie hatte plötzlich mehr Zeit.

Nein ohne Schuldgefühle

Egal, ob in der Familie, Partnerschaft, Freundeskreis oder Job, es ist wichtig, Nein sagen zu können, denn es ist ein Selbstschutz! Wenn wir diese Grenze nicht ziehen, dann zahlen wir mitunter einen hohen Preis:

- Wir werden unzufrieden,
- erlauben anderen, über uns und unsere Zeit zu verfügen, und
- kommen dabei selbst zu kurz.

Nein zu sagen bedeutet nicht, dass wir alles ablehnen oder niemandem mehr helfen, sondern dem eigenen Urteilsvermögen vertrauen.

Keine Angst vor negativen Reaktionen

Isa stellte überrascht fest, dass ihr Gegenüber ihre Absage gar nicht so negativ aufnahm, wie sie befürchtet hatte. In vielen Fällen führt ein Nein auch dazu, dass man in der Achtung des anderen steigt! Und wenn der andere doch enttäuscht oder sauer ist, dann ist das sein Problem. Seine Enttäuschung ist Ausdruck seines Frustes, etwas nicht zu bekommen. Dabei finde ich es nicht schlimm, freundlich Nein zu sagen, es muss ja nicht gleich „Mach deinen Scheiß doch selber" lauten, sondern schlicht und einfach „Nein". Eine ehrliche Absage kommt außerdem beim Gegenüber viel besser an als eine Ausrede, die man benutzt, um vermeint-

lich nicht zu verletzen oder zu enttäuschen. Doch wer mag schon ange-
flunkert werden? Und ich es finde es umgekehrt auch in Ordnung, wenn
mir jemand eine Absage erteilt.

Achte auf deine Ausstrahlung

Was strahlst du aus? Hast du die Ausstrahlung eines selbstsicheren
Menschen oder eher die eines unsicheren, der sich mehr gefallen lässt,
als ihm lieb ist? Wenn du häufig Ja sagst, weil du Angst hast, Nein zu
sagen, dann verrätst du vielleicht auch schon durch deine Körperspra-
che, dass du leicht auszunutzen bist. Eine selbstbewusste Körperspra-
che verleiht deinen Worten Gewicht. Und „Nein" heißt auch „Nein". Es
ist tatsächlich ein ganzer Satz, dem es keiner weiteren Erklärung oder
Rechtfertigung bedarf. Eigentlich. Aber so einfach ist das natürlich nicht.

Du entscheidest ...

... wofür du deine Zeit und Energie nutzt und wann du dich für andere
einsetzt und nicht, wenn andere sie von dir fordern oder erwarten.

Kein Nein kann in Stress ausarten

Während man freundlich und höflich bleiben will gegenüber Kollegen,
Freunden und der Familie, wird die eigene To-do-Liste immer länger,
weil man seine eigenen Wünsche, Ziele und Projekte hintanstellen
muss.
Wir wissen alle, wie hoch der Preis für ein allzu schnelles „Ja" sein kann.
Hätte ich doch bloß Nein gesagt.

Fazit: Nur die Dinge annehmen, für die wirklich Zeit und Muße da ist. Es ist niemandem geholfen, wenn man sich das Bein ausreißt und dann im Stress versinkt.

Wenn alle Ja sagen

„Oh, was für eine tolle Idee, Chef. Na klar gehen wir alle zusammen nach der Arbeit in das neue vegane Restaurant." Aber eigentlich hat keiner Lust darauf. Dann doch gleich lieber Nein sagen.

Ich finde, es gibt nichts Schlimmeres als ein geheucheltes, falsches Ja, dann lieber ein ehrliches Nein. Da weiß jeder, woran er ist. Und einem unehrlichen Ja folgt gleich das nächste, denn weil es „ja so lecker und schön war im veganen Restaurant, wiederholen wir das wieder." Na herzlichen Glückwunsch!

Fazit: Keinem „Ja-Sager" ist geholfen, das frustriert nur und man lässt bestimmen, anstatt selbst zu bestimmen.

„Kannst du mal schnell … dauert auch nicht lange …"

Der schlimmste Fehler ist, hier gleich Ja zu sagen. Denn wir alle wissen, schnell ist das nicht erledigt. Egal, ob privat oder im Job. Natürlich hilft man, wenn es passt und sein eigenes Zeitmanagement nicht in Gefahr gerät. Denn während der, der abgibt, Feierabend macht, hockst du noch an (s)einem Projekt.

Fazit: Nicht sofort Ja sagen, sondern vielleicht besser antworten: „Im Moment kann ich dir nicht helfen, ich muss kurz darüber nachdenken. Ich komme in fünf Minuten zu dir und sage Bescheid."

Das verschafft Zeit, man kann tatsächlich abwägen und wird nicht überrumpelt.

Denk auch an dich
Wem es schwerfällt, Nein zu sagen, der stellt auch seine eigenen Be-
dürfnisse oft hinten an. Auf Dauer laugt das aus und macht unzufrieden.
Vergiss nicht: Du bist auch wichtig!

Fazit: Deine Zeit ist genauso wichtig wie die der anderen und deine
Power ist auch nicht endlos und es steht dir – genau wie jedem anderen
– zu, gut für dich zu sorgen und eben auch Nein sagen zu dürfen.

Also erst bedenken:

- Was ist das genau, was ich tun soll? Eine Arbeit, ein Gefal-
  len?
- Möchte ich es tun – oder ist es mir vielleicht zuwider?
- Wie viel Zeit muss ich dafür aufwenden?
- Wie viel Kapazitäten, Kraft, Energie und Lust habe ich ge-
  rade?
- Wer bittet mich um einen Gefallen? In welchem Verhältnis
  stehen wir zueinander?

Isa fand heraus, dass sie gerne Texte schrieb und weniger gerne telefonierte. Als der Chef sie darum bat eine Liste abzutelefonieren, nahm

sie all ihren Mut zusammen und sagte ihm, dass dies nicht ihre Kern-
kompetenz wäre und sie dafür lieber einen Text mehr verfasste. Und
den nächsten Flohmarkt mit Sabine sagte sie auch ab und hatte dadurch
das ganze Wochenende nur für sich. Sie trainierte Schritt für Schritt,
auch mal zu einer Einladung Nein zu sagen oder an einer Veranstaltung
nicht teilzunehmen, und stellte fest, dass das Leben trotzdem weiterging
und sie den gewonnenen Freiraum auf ganz neue Art nutzen konnte.
Diese Schritte trugen enorm zu ihrer Sauwohl-Entwicklung bei.

10. Sauwohl, dank echter Freunde & Beziehungen

„Ich hasse Leute, die nur von sich reden", platzte es aus Cleo raus, als wir bei einem gemütlichen Glas Wein die Woche ausklingen ließen. „Kennt ihr die, die dir nicht eine Frage stellen? Zum Kotzen!", wetterte sie weiter. Und recht hatte sie. Es gab diese Menschen, die nur an sich dachten, nur von sich redeten, nicht richtig zuhören konnten und natürlich alles konnten. Nur eben noch viel besser. Die Empathie ist bei diesen Menschen nicht gerade stark ausgebildet, man könnte sogar sagen, dass sie ganz fehlt. Diese Menschen interessieren sich nur für sich.

Wenn du in Freundschaften, Bekanntschaften und Beziehungen mehr gibst, als du zurückbekommst, und sich deine Freunde oder Bekannten nie melden, außer sie brauchen etwas, dann ist die Beziehung nicht ausgeglichen, strengt an und kann frustrierend werden. Meistens haben wir ein Gespür dafür, wann eine Beziehung ungleich ist. Auf die innere Stimme zu hören und Grenzen zu setzen, kann ein Weg sein, falsche Freunde zu erkennen und sich von ihnen zu distanzieren und zu trennen.

Freunde sollten eine gute Mischung aus Ratgeber, Seelentröster, Motivator und Entertainer sein. Es gibt aber leider auch viele Menschen, die das nicht erkennen, weil sie um jeden Preis nach Akzeptanz, Aufmerksamkeit und Liebe suchen – auch wenn es bedeutet, mehr zu geben als zu bekommen. Oder sie erkennen es, können sich aber nicht lösen. Isa kannte viele dieser unverbindlichen Sprüche wie „Ich melde mich" und „Wir müssen unbedingt mal wieder einen Kaffee zusammen trinken" und sie konnte sie einfach nicht mehr hören.

„Kennt ihr die beiden größten Lügen?", fragte sie uns. Wir sahen Isa erwartungsvoll an. „Ich wollte dich anrufen" und „Ich habe dir das Geld überwiesen", sagte sie.

Isa schrieb ihre Gedanken auf:

- Falsche Freunde hinterlassen ein schlechtes Gefühl
- Falsche Freunde sind deutlich unzuverlässig. Es ist ihnen einfach nicht wichtig. (Das zu erkennen kann schmerzhaft sein!)
- Sie reden lieber über sich und hören mehr schlecht als recht zu
- Sie fragen dich nie (wie es dir geht und ob du Zeit hast)
- Falsche Freunde reden hinter deinem Rücken
- Falsche Freunde rufen an, wenn sonst keiner Zeit hat
- Sie nutzen dich als Blitzableiter und Mülleimer

Von Vergangenheit und Zukunft

Ein ganz typisches Problem für die, die nicht loslassen können: Sie hängen vergangenen Tagen und Erlebnissen nach („So schlimm ist es doch nicht, sie kann ja auch nett sein ...") und verpassen dadurch viele wunderbare Augenblicke, die auch zu schönen Erinnerungen werden könnten. Sie verderben sich damit die Chance, neue Leute kennenzulernen. Menschen, die vielleicht besser zu ihnen passen. Es entsteht ein negativer Teufelskreis, der immer schwerer zu durchbrechen ist. Darum stellen wir uns dem Loslassen am besten sofort und gehen einmal mutig und schmerzhaft hindurch, bevor wir uns mal wieder von anderen beherrschen lassen.

„Was wäre wenn …"

„Wenn diese Freundin sich zum Besseren verändert, nicht neidisch wäre oder sich öfter von sich aus melden würde, dann …", „Wenn der Bekannte nicht nur seinen Seelenmüll bei mir abladen würde …" oder „Wenn ich dann alleine dastehe …" „Wenn" sorgt in diesen Fällen nur dafür, dass wir uns weiter an einem falschen Freund festhalten und uns selbst eine perfekte Ausrede bieten. Verdrängen und aufschieben – ist keine Lösung! Verschwende also deine wertvolle Zeit nicht weiter mit diesem kleinen Wort und vor allem nicht mit „falschen Freunden" – denn es lohnt sich nicht, sie werden sich nicht ändern, auch wenn wir das gerne glauben möchten.

Es gibt viele Arten von falschen Freunden. Im Folgen geht es um ganz **klassische falsche Freunde**. Vielleicht kommen sie dir bekannt vor? Wenn ja, solltest du dich schleunigst von ihnen befreien, denn sie bringen dich kein Stück weiter.

Der Rivale

Alles, was du hast, braucht dieser Freund auch: aber größer/besser/schneller. Du kaufst dir ein neues Handy – seins ist 400 Euro teurer und kann noch viel mehr. So läuft es in allen Bereichen, Sport, Karriere, Geld, Statussymbole. Auf Dauer ist so jemand anstrengend, denn er muss immer im Mittelpunkt stehen und gibt dir das Gefühl, immer ein bisschen minderwertig zu sein. Am schlimmsten sind Mütter, deren Kinder immer bessere Klamotten anhaben, bessere Noten schreiben und die das vor allem ständig mitteilen müssen. Also, diese Freundschaften langsam ausklingen lassen. Sie sind auf Dauer zu anstrengend. Solche Freunde halten dich davon ab, aus deiner eigenen Komfortzone zu kommen, über den Tellerrand zu schauen und Neues zu wagen.

Der Opportunist

Er verhält sich dem Umfeld entsprechend. Sobald ihr euch gemeinsam in bestimmten Gruppen bewegt, seid ihr die besten Freunde. Außerhalb dieser Kreise verhält er sich aber so, als ob ihr euch gar nicht kennt. Man lacht gemeinsam über dieselben Dinge – aber sobald ihr euch unter Leuten bewegt, die beispielsweise in höherstehenden Positionen arbeiten, die ihm nützlich sein könnten, lässt er dich fallen – wie eine heiße Kartoffel. Interessant bist du nur, solange du ihm (z. B. karrieretechnisch) nützlich bist.

Der Kritiker

Nichts ist gut. Egal, worum es geht, was du sagst oder tust: Er weiß alles besser. Immer. Und das alles unter dem „Ich will ja nur helfen"-Deckmantel. Während er alles zerredet, besser weiß und dir von oben herab kluge Ratschläge gibt, geht es dir immer schlechter. Denn er vermittelt dir das Gefühl, dass du ein hoffnungsloser Fall bist. Aber er steht dir natürlich bei, weil er ja so ein „guter" Freund ist.

Der Schönwetterfreund

Dieser falsche Freund verhält sich wie der Opportunist, allerdings vor allem aufs Emotionale bezogen. Geht es ihm schlecht, ruft er dich an.

Er benutzt dich als emotionalen Mülleimer. Geht es dir jedoch mal schlecht, hat er plötzlich keine Zeit mehr. Man wirft seinen Seelenmüll nicht stets und ständig bei anderen ab und jammert über sein eigenes trauriges Leben. Solche Freunde bremsen dich aus, sie rufen das Helfersyndrom hervor und wenn du selbst mal Hilfe oder einen wirklich guten Rat brauchst, darfst du dreimal raten, wer nicht zur Stelle ist.

Der Jammerer – der schlimmste von allen

Das schlechte Wetter, die anderen Autofahrer, die hohen Steuern, die verlogene Politik, die lauten Kinder, der cholerische Chef, die überfüllten öffentlichen Verkehrsmittel – dieser „Freund" hat immer etwas zu meckern. Zugegeben: Manchmal tut es gut, in den „Jammergesang" einzustimmen. Aber irgendwann ist genug mit Klagen und sich über alles und jeden zu beschweren. Wenn jemand sich selber zum Opfer macht und stets und ständig jammert, ist es höchste Zeit, aufzustehen und wegzugehen.

Wenn du einen dieser Freunde in deinem Umfeld hast, zögere nicht lange, sondern handele! Vielleicht muss man nicht gleich eine jahrelange Freundschaft hinwerfen, aber man sollte doch mal hinterfragen, ob diese oder jene Freundschaft guttut oder ob es sich vielleicht gar um einen falschen Freund handelt. Sich das einzugestehen, ist nicht einfach, aber es ist nun mal dein Leben und du willst es gestalten, wie du willst und nicht wie andere es gerne hätten. Und kluge Ratschläge? Danach fragt man. Man gibt nicht ungefiltert zu allem seinen Senf – und das muss sich auch keiner anhören.

Also wenn sich unter deinen Freunden falsche befinden und sich die „Freund"schaft als Ballast anfühlt, sich **DEIN Leben** nur um sie und nicht um DICH dreht, dann befreie dich von ihnen und suche dir Menschen, die besser zu dir passen, die zuhören, die interessiert sind, die dir konstruktive Kritik geben, die sich mit dir beschäftigen, genauso wie du dich mit ihnen. Eine wahre Freundschaft sollte immer ein Geben und Nehmen sein.

Echte Freunde ergänzen und stehen zusammen

Die beste Freundin oder der Kumpel, mit ihnen teilt man Interessen und entdeckt Neues. Sie sind aber auch in schweren Zeiten eine große Stütze: Echte Freunde reden zusammen, lachen, weinen, unterstützen, hören zu, machen einem Mut, können sich in die Lage des anderen versetzen, kommen von sich aus auf die Idee, Hilfe anzubieten, nehmen einem mal die Kinder ab, wenn man mit dem Mann essen gehen will. Sie sind da – in guten wie in schlechten Zeiten. Eine echte Freundschaft ist ausgeglichen und beide Parteien bekommen genug Raum. Und sauwohl fühlt man sich eben nur mit guten Freunden, mit denen man ganze Abende und Nächte verbringt, lacht, tanzt und trinkt. Und auch unsere Männer sind echte Freunde, zumindest Cleos und mein Mann, der mich unterstützt, nie über meine Ideen lacht und immer sagt: „Denk nicht so viel nach! Mach doch erstmal, dann siehst du schon!" Freundschaften und Beziehung gehören zu unserem Sauwohl-Prinzip zwingend dazu. Und im besten Fall entsteht daraus eine Herzensfreundschaft. So wie bei uns dreien. Aus unserer Freundschaft und der Beziehung zu unseren Partnern und Familien ziehen wir Anerkennung, Zuspruch, Sicherheit und Unterstützung.

Gut für Herz und Seele

Freundschaften wirken sich positiv auf unseren Körper und die Seele aus. So wussten auch die „Drei von der Tankstelle" schon damals: „Ein Freund, ein guter Freund. Das ist das Schönste, was es gibt auf der Welt."

Und wir machten uns einmal mehr klar, was (unsere) Freundschaft uns bedeutet:

- Freunde reden nicht schlecht, herablassend oder klugscheißerisch über dich
- Sie interessieren sich aufrichtig für dich, dein Leben und deine Familie und nehmen an deinem Leben teil
- Sie machen dir Mut und motivieren dich, wenn es nötig ist – genauso wie du das bei ihnen auch tust
- Ihnen kannst du jedes Geheimnis anvertrauen
- Sie sind so, wie sie sind, und müssen sich nicht verstellen (andersrum ist es natürlich genauso)

Und hier kommen unsere Tipps:

Wer ist wirklich immer da?

Um zu sehen, welche Freunde in die Kategorien „falsch" oder „negativ" gehören, schaue zuerst auf die, auf die du dich immer verlassen kannst, die auf deiner Welle schwimmen, bei denen du keine Zweifel hast; diejenigen, die mit dir durch dick und dünn gehen und immer für dich da sind.

Reduziere oder eliminiere den Kontakt zu Energiefressern

Wenn dir klar geworden ist, dass bestimmte Freunde dein Leben nicht bereichern, sondern dir vielmehr Energie aussaugen, durchtrenne den Strang (an dem ihr vielleicht mal gemeinsam gezogen habt) und zieh dich zurück. In einigen Fällen merkt der „Freund" vielleicht gar nicht, dass du aus der Beziehung ausgestiegen bist und ihn „verlassen" hast.

Lebe dein Leben weiter

Schaue nicht mehr zurück. Deine wirklichen Freunde sind noch immer da; je schneller du dich von falschen Freunden zu distanzieren lernst, während du freundlich bleibst, desto schneller wirst du in allen Lebenslagen auf den Umgang mit solchen Leuten besser vorbereitet sein.

11. Sauwohl, denn „Nobody is perfect" – und das ist auch gut so

Das Streben nach Perfektion in möglichst allen Bereichen grenzt nicht erst seit Instagram an ein Phänomen. Perfektion begegnet uns an allen Ecken online wie offline: im Job, bei der Ernährung, Kindererziehung, bei der Figur, beim Sport, Styling usw.

Wenn es nach gesellschaftlich angesehenen Quellen wie Instagram geht, führen alle anderen ein perfektes Leben, während wir immer weiter zweifeln und noch mehr verbessern wollen – am besten alles (gleichzeitig):

- die Figur, die nie perfekt zu sein scheint
- der Sport, der immer zu kurz kommt
- die Kinder, die nicht zwei Klassen übersprungen haben
- die Wohnung, die irgendwie nie so aussieht, wie in „Schöner Wohnen"
- das perfekte Outfit, auf dem man immer nach der Suche und damit nie zufrieden ist
- die gesunde Ernährung, bei der es dann doch mindestens einmal in der Woche Spaghetti Bolognese oder Schnitzel mit Pommes gibt
- das tägliche Zeitmanagement, das nur bei allen anderen zu funktionieren scheint

Was heißt perfekt? Ist es ein Wort, das wir uns selbst zusammengezimmert haben, ein Leben, das wir führen wollen, weil wir es woanders gesehen haben? Haus, Garten, Job, Kinder – wer bestimmt eigentlich, was perfekt ist? Jemand, an dem nichts auszusetzen ist, der aalglatt ist und nicht auch nur einen Pups in der Öffentlichkeit lässt? Oder der, der vermeintlich alles hat, der alles kann, der alles aus dem Ärmel schüttelt und mit Leichtigkeit durchs Leben schwebt? Perfekt ist für mich ein Wort ohne Bedeutung.

Je mehr ich darüber nachdachte, desto klarer wurde es mir. Ich wollte auch immer perfekt sein, makellos, fehlerfrei, witzig, sexy, sportlich, begabt, ordentlich – ich wollte das alles sein, weil ich dachte, dann bin ich perfekt. Für meinen Mann. Für meine Mutter. Für meine Tochter. Für andere. Ich wollte nicht kritisiert oder verbessert werden. Denn kritisiert werden gehört zu den schlimmsten Dingen, die einem Perfektionisten passieren können, weil das in seiner Welt bedeutet, nichts wert zu sein. Das Problem dabei: Wir sind keine Maschinen, die fehlerfrei arbeiten – und selbst Maschinen funktionieren nicht immer richtig. Natürlich sind Fehler ärgerlich, manchmal teuer und gefährlich. Dennoch: Fehler lassen sich nicht immer vermeiden. Viel wichtiger ist, wie man mit Fehlern umgeht – sie aus Angst vor Kritik zu ignorieren oder zu verschweigen, ist jedenfalls keine gute Option.

Wir lernen aus unseren Fehlern meist mehr als aus unseren Erfolgen. Es heißt ja nicht umsonst: „Erfahrung ist die Summe aller Missgeschicke." Wenn du davon ausgehst, dass dir Fehler passieren können, und du dich dafür nicht verurteilst, dann kannst du sie als Chance begreifen. Wie der Erfinder Thomas Edison. Er soll nach über tausend Versuchen, eine marktreife Glühbirne zu entwickeln, gesagt haben, er sei nicht gescheitert, sondern habe tausend Wege gefunden, die nicht funktionieren.

Manchmal führen Fehler auch zu unerwarteten Ergebnissen: Kolumbus wollte eigentlich nach Indien segeln …

Wer Angst hat, Fehler zu machen, wird sich kaum trauen, etwas Neues auszuprobieren, zu experimentieren. Denn experimentieren heißt ja, dass man nicht weiß, wie das Ergebnis sein wird. Nur so kommt man auf neue, überraschende Lösungen. Die Angst, Neues zu probieren, ist einer der größten Kreativitätskiller überhaupt. Der Versuch, alle Fehler zu vermeiden, ist unheimlich anstrengend. Er führt zu hohem Druck und lässt uns verbissen arbeiten. Selbst wenn du es schaffen solltest, Perfektes zu leisten, bist du am Ende so erschöpft und gereizt, dass du den Erfolg gar nicht mehr genießen kannst. Egal, was du erreichst, es ist nie gut genug. Das Glück – es ist einem immer einen Schritt voraus. Perfektionismus ist eine ewige Jagd, die nur in vermindertem Selbstvertrauen mündet. Oder sie sorgt dafür, dass wir uns an Erreichtem nicht mehr erfreuen können. Stattdessen sehen wir nur die Fehler im Detail. Wie sich dieser negative Perfektionismus überwinden lässt …

Die gute Nachricht, die Perfektionswelle, die zwischen 30 und 40 teilweise absurde Züge annimmt, nimmt Ü 40 wieder ein wenig ab: die perfekte Hochzeit, das perfekte Haus, die perfekte Kinderplanung – perfekt ist, dass ich das alles hinter mir habe.

Wollen oder müssen wir perfekt sein? Für die anderen? Und ist man wirklich besser, wenn alle ehrfürchtig sagen: „Wie schafft sie das nur alles, und die Schultüte hat sie auch noch selbst gebastelt und geklebt, und die dreistöckige Eis-Prinzessinnen-Torte erst … und Vollzeit arbeitet sie auch noch … und die Nägel sehen wieder wundervoll aus …"

Ich sage: NEIN! Wir müssen nicht perfekt sein!

Ich bin es auch nicht und komme damit ganz gut klar: Die Wohnung ist fast immer aufgeräumt, meine Tochter kann lesen und schreiben, ich esse gerne Schnitzel mit Bratkartoffeln und spüle alles gerne mit einem Aperol Sprizz runter. Kochen kann ich nicht und in mein Dirndl passe ich (im Moment) auch nicht rein.

Perfektionismus hemmt einen. Er lässt einen stillstehen und nicht vorwärtskommen, weil man sich an Kleinigkeiten aufhängt, ob im Job, Kleidung, Figur, Kindererziehung, oder Angst hat, nicht gut, nicht schnell und genug zu sein und die Dinge anders zu machen.

Ja, es ist auch eine Typfrage, dass man sich von seinem Umfeld oder den sozialen Medien NICHT stressen lässt. Denn diese ständige Selbstoptimierung kostet Zeit und Nerven. Gott sei Dank bin ich nicht von Menschen umgeben, bei denen sich alles ausschließlich um gesunde Ernährung, Karriereleiter, Size Zero und perfekte Kinder, die schon mit drei Jahren fließend Englisch oder Mandarin sprechen, dreht und deren Wohnung aussieht, als würde niemand darin wohnen.

Das gesunde Mittelmaß zwischen gutem Essen & Genuss, Arbeit & Entspannung – daran sollten wir uns orientieren. Entspannter an Job, Figur und Kindererziehung rangehen, was nicht heißt, die Füße hochzulegen, sondern sich nicht ständig an seinen Schwächen zu orientieren und die eigenen Stärken herauszupicken und diese auszubauen.

Glücklich zu sein, dass die Jeans überhaupt zugeht, die Kinder fröhlich aufwachsen und selten krank sind, man Freunde hat, die auch gerne

Schnitzel essen und deren Kinder sich auch mal bekleckern oder tadellos danebenbenehmen dürfen, daran sollte man sich orientieren. Glück und Spaß sollten im Vordergrund stehen. Das hinzubekommen, ist nicht immer einfach, aber zu wissen, dass Perfektion auf Dauer total langweilig (und unrealistisch) ist, beruhigt mich sehr.

Ja, wir machen Fehler, und ja, andere lachen sich vielleicht ins Fäustchen, wenn man scheitert. Aber wen interessiert's?
Fehler sind dazu da, es wieder zu versuchen und dann sogar noch besser zu machen als vorher. Aber die wenigsten trauen sich zuzugeben, dass sie etwas falsch gemacht haben, weil das ja Schwäche zeigt – gegenüber Freunden, der Familie, dem Chef, den Kollegen.

Scheitern ist scheiße vs. scheitern ist sexy
Und da hilft es auch nicht, wenn alle sagen: „Steh auf, rück dein Krönchen gerade und mach weiter." Wenn man tatsächlich am Boden liegt, möchte man nicht positiv denkend an seinem Krönchen zupfen und dann ist alles wieder gut. Aber weitermachen und eben nicht aufgeben, darum geht es.
Das heißt, den Misserfolg überwinden und den Lernerfolg des Scheiterns für sich nutzen, so können die nächsten positiven Schritte unternommen werden, um den Weg wieder in Richtung Erfolg einzuschlagen.

Fehlerkultur

Ganze Abendveranstaltungen werden damit gefüllt, wenn z. B. erfolg-reiche Gründer von ihren größten Missgeschicken erzählen und alle ge-spannt zuhören. So können wir nicht nur selbst aus unseren Fehlern lernen, sondern auch von denen der anderen profitieren.

Also muss man es umdrehen, und Menschen, die Fehler machen, dank-bar sein, denn durch sie vermeidet man es, zumindest diese Fehltritte selbst zu begehen.

Ich glaube, man sollte es zulassen, Fehler machen zu dürfen, aber es natürlich auch anderen einräumen: Familie, Freunden, Kindern. Vor al-lem Kindern. Gerade sie sollten die Chance bekommen, Fehler zu ma-chen und Niederlagen einzustecken, um daraus Wichtiges für ihr Leben zu lernen.

Mut ist, es trotzdem (wieder) zu tun

Es ist nicht schlimm, sich zu irren und Fehler zu machen. Man kann nicht in die Zukunft schauen und immer genau wissen, was richtig und was falsch ist.

Ich möchte euch ermutigen, aus Fehlern sehr wohl zu lernen und es beim nächsten Mal wirklich anders und vor allem besser zu machen. Schließlich werden sich die Fehler wiederholen, wenn man sein Verhal-ten nicht ändert oder weiterhin darauf hofft, dass sich die Umgebung anpasst.

Veränderung beginnt bei uns selbst.

Und dann: Mit vollem Elan in das nächste Projekt einsteigen!

12. Sauwohl, dank „Chill mal"

Mist! Beim Nachbarn ist das Gras schon wieder grüner. Und wieso kann der sich drei Urlaube im Jahr leisten und wieso trägt die Nachbarin von schräg gegenüber ständig neue Klamotten? Nicht erst seit Instagram, aber weil wir bei anderen sehen, was sie anhaben, wohin sie reisen, was sie machen, wie sie aussehen, wie viel Spaß sie haben, kommt einem sofort ins Gedächtnis: Das möchte ich auch gerne.
Ständig hat man das Gefühl, man versäumt oder einem fehlt etwas. Da können wir noch so nacheifern, diese Unzufriedenheit wird nie aufhören. Manchmal kann man gar nicht so genau festmachen, was einem fehlt oder was einen unzufrieden macht. Aber um sich sauwohl zu fühlen, sollten wir alle dringend mit dem Vergleichen, Wetteifern und immer nach anderen Schielen aufhören.

Zufrieden sein bedeutet nicht, alles zu haben, sondern das Beste aus allem zu machen.

Wir denken zuweilen, dass wir erst dann wirklich zufrieden sind, wenn wir ein Ziel erreicht haben. Leider steht dann aber schon wieder das nächste Ziel vor der Tür. Wir können das, was wir eigentlich schon alles erreicht haben, nicht genießen.
Auf diese Weise können wir eben nicht auf Dauer zufrieden sein.
ABER: Du kannst zufrieden sein, wenn du dich immer wieder darauf konzentrierst, was du besitzt und erreicht hast.

Wenn du unzufrieden bist, ändere dein Leben oder deine Einstellung.

Für mich einer der wichtigsten Schlüssel. Nur so läuft es!

Wir haben die Angewohnheit, uns über alles zu beklagen, was uns nicht gefällt.

Die Folgen sind Jammern, Opferrolle, chronische Unzufriedenheit.

Nimm deine Unzufriedenheit als ein Signal, das dir auch Alternativen aufzeigt:

1. Überlege dir, wie du dein Leben so ändern kannst, dass du zufriedener bist.

Wenn das nicht funktioniert:

2. Lerne, dich mit der Situation zu arrangieren. Nimm sie an und mach das Beste daraus.

Einerseits tun wir gerne etwas für andere. Unser Hirn aktiviert dafür dieselben Belohnungszentren, als würden wir etwas geschenkt bekommen. Ein schönes Gefühl also, und nicht verwerflich. Es sei denn, es artet aus und wir arbeiten nur noch für andere und denken nicht mehr an unsere Bedürfnisse. Sich ständig am Rand der Selbstaufgabe entlangzuhangeln, macht unzufrieden und unglücklich.

Andererseits sind wir ferngesteuert: Aufstehen, Frühstück machen, Brotbox packen, Betten machen, ab zur Arbeit, über das Abendessen nachdenken, nach Hause kommen, aufräumen, Kind abholen, Abendessen zubereiten, ab aufs Sofa und sich dann die Frage stellen: Und was habe ich heute für mich getan? Nix! Keine Zeit. Aber dafür sind alle anderen glücklich und die Wohnung ist aufgeräumt.

Mut zur Lücke

Das Wichtigste: Mache dir deinen eigenen Perfektionismus bewusst. Dann kannst du überlegen, wie und welche Verantwortung du abgeben kannst. Und: Mut zur Lücke.

Gönn dir …

Und dann genieße auch deine Auszeit, in der du hoffentlich mal nichts zu tun hast, in der die Kinder verabredet sind, die Brotzeit fürs Abendessen der Partner heute mitbringt, die Überstunden, die heute nicht gemacht werden, und die Wäsche, die schön im Körbchen bleibt. Und dann aufs Sofa, Kaffee oder Tee, Buch oder Zeitung, Onlineshopping oder einfach nur so vom nächsten Urlaub träumen. Löcher in die Luft starren geht auch.

Wir müssen zuerst bei uns selbst anfangen und aufräumen, erst dann können wir uns auch richtig um andere kümmern. Egoismus ist ein sehr dehnbarer Begriff und es ist auch kein Aufruf, nicht mehr nach rechts und links zu schauen. Du sollst anderen nicht ab sofort jedwede Hilfe verweigern. **Ich möchte dir als Möglichkeit nur aufzeigen, dass du dich selbst an erste Stelle setzen kannst**. Du kannst kurzfristig egoistisch sein, um dann langfristig mehr geben zu können.
Ständig die eigenen Wünsche zu missachten oder gar nicht erst wahrzunehmen, führt zu einem schlechten Selbstwertgefühl. Und wer will das schon?

Warum wir wieder mehr Auszeiten brauchen?

Wir stellten fest, dass wir uns extra Urlaubstage nahmen, aber nur, um sie mit To-dos zu füllen und abzuarbeiten und nicht mit „Zeit für uns".

Denn wer will sich schon „auf die faule Haut legen"? Wir brauchen uns keinen Tag freinehmen, sondern sollten mehr bewusste Auszeiten im Alltag einschieben, d. h., dass Bewusste-zur-Ruhe-Kommen und Nichtstun für jeden von uns notwendig sind, um neue Energie freizusetzen und Kraft zu tanken. Und das zwischendurch und nach Feierabend.

Ein Tag des Nichtstuns ist ein guter Anlass, sich dessen bewusst zu werden. Vor allem am Wochenende: Wenn die Kinder mal nichts für die Schule machen sollen, die Wohnung so bleiben kann, wie sie ist, und nicht auf Teufel komm raus ein Berg bewandert oder ein Museum besucht werden muss. Wir laufen sowieso täglich im Automatikmodus und sehen immer nur das, was wir nicht geschafft haben oder nicht schaffen können. Aber: Die Seele baumeln zu lassen, Entspannung und Zeit für sich selbst zu nehmen hat eine positive Wirkung auf den Blutdruck und das Immunsystem. Nach einer Auszeit sind wir deutlich leistungsfähiger. Cleo, Isa und mir war genau dieses Gefühl mit der Zeit abhandengekommen und wir haben verlernt, uns selbst Auszeiten zu verordnen. Denn Faulenzen und Nichtstun sind in einer Leistungsgesellschaft ein No-Go. Für uns bedeutete es aber, ab sofort das zu tun, was uns wichtig war und bei dem wir uns sauwohl fühlten.

Unsere Tipps:
- Überlege dir, womit du dein Nichtstun füllen möchtest
- Stelle dir die Frage: „Nichtstun – will ich das wirklich?"
- Entscheide dich bewusst für das Nichtstun und dann: Sei auch nicht ansprechbar
- Schaffe dir aktiv Freiräume fürs Nichtstun

- Genieße es dann auch, nichts zu tun oder das, was du gerade machen möchtest, und wenn es Löcher in die Luft starren ist
- Mache eine Routine daraus und schalte regelmäßig ab

13. Sauwohl mit Glück & Zufriedenheit, aber bitte mit Sahne!

Ich plädiere ja nicht dafür, dass man aus dieser Gesellschaft vollkommen aussteigt, sondern Erfolge und das Leben wieder genießen kann und am Ende des Tages Zeit für sich und seine eigenen Ziele und Träume hat. Denn: Glücklich sein wollen alle. Nur mit der Umsetzung hapert es meistens. Das begann bei Cleo, Isa und mir mit der Eingangsfrage, was UNS eigentlich wirklich glücklich macht. Geld? Viel Geld? Teure Autos, Schuhe und Handtaschen? Menschen? Familie? Eine stabile Beziehung? Oder nur, weil es einem aufdiktiert und von unserer Gesellschaft vorgegaukelt wird. Wer nicht beantworten kann, was ihn persönlich glücklich macht, hat es schwer, das wahre Glück zu finden.

Auch das Leben will genossen werden

Während wir stetig funktionieren, effizient arbeiten, um Ergebnisse vorzuweisen, bleibt eines immer auf der Strecke. Nämlich das, was das Leben ausmacht. Zu einer gesunden Lebensweise gehört nämlich, das Leben in allen Formen, Farben und Lagen zu genießen. Und vor allem: es mit allen Sinnen zu leben und erleben. Freude und Lebenslust sind enorm wichtig, um gesund zu bleiben. Eigentlich das Allerwichtigste. Ohne Druck, äußere Kritiker und „die anderen".

Wenn du dich also selbst stärken willst, dann tue die Dinge, die dir Freude bereiten: Trink den Wein, iss die Lasagne und anschließend das Tiramisu. Es hat aber nicht nur mit essen zu tun. Genieße dein Leben in vollen Zügen: Job, Hobbys, Kreativität, Sport, Alleinsein, Lesen, Shopping, Reisen … und du wirst zufriedener durch das Leben gehen.

Der Wert eines Menschen hängt nicht von seiner Leistung ab.

(Cornelia Mack)

Sich selbst und andere Menschen aus genau dieser Perspektive zu betrachten, nimmt schon viel Druck aus dem Kessel. Von den Kindern und ihren Berufswünschen, bis zum Hier und Heute.

Cleo, Isa und ich haben das Sauwohl-Prinzip natürlich nicht an einem Tag erfunden und umgesetzt. Es war bis hierhin ein langer Weg, der so schnell nicht enden wird, aber: die Marschroute ist klar, die Schuhe geschnürt und wir sind losgelaufen, jeder mit seinen Zielen vor Augen. Wir haben unterwegs viel Ballast abgeworfen, vieles infrage gestellt, alte Glaubenssätze über Bord geworfen und uns dabei gegenseitig gestärkt, ermutigt und motiviert.

Aufgaben, Arbeiten, Jobs und Freunde, die uns nicht guttaten, all das haben wir hinterfragt und geändert. Geholfen haben uns dabei auch Ausschnitte des Buches „The big 5 for life".

Der unzufriedene Angestellte Joe trifft zufällig auf den Unternehmer Thomas. Dieser überrumpelt ihn mit der Frage: „Ist heute ein guter Museumstag?", und erklärt ihm, was damit gemeint ist: Was wäre, wenn jeder Tag unseres Lebens sortiert und angeordnet würde? Unsere Gefühle, die Menschen und Kollegen, mit denen wir zu tun haben, die Dinge, mit denen wir unsere Zeit verbringen? Und wenn am Ende unseres Lebens ein Museum errichtet würde, in dem genau zu sehen wäre, wie wir mit all diesen Menschen und unterschiedlichen Themenbereichen unser Leben verbracht haben?

Wenn wir 80 % unserer Zeit mit einem Job verbringen würden, der uns nicht gefällt, dann wären auch 80 % des Museums genau damit gefüllt. Man würde Bilder und Zitate sowie kurze Videos sehen, die Szenen verschiedener unglücklicher Momente zeigen.

Wenn wir zu 90 % der Menschen, mit denen wir zu tun haben, freundlich wären, würde man genau das in dem Museum zeigen. Aber wenn wir ständig wütend und ungehalten wären oder 90 % der Menschen in unserem Umfeld anschreien würden, könnte man auch das sehen. Alles wäre mit Fotos, kurzen Videos und Hörbeiträgen dokumentiert. Das Museum zeigt also, wie wir waren und wie man sich an uns erinnert.

Wie würden wir uns am Ende des Lebens fühlen, wenn wir dann durch unser Museum gingen und es nicht auf dem Leben, das wir uns erträumt haben, sondern auf dem, das wir tatsächlich geführt haben, basiert?

In unserem Museum sollte nicht zu sehen sein: „Sie war unglücklich, aber dafür trug sie Size Zero, knabberte Salatblätter und ihre Tochter war Professorin und spielte Klavier, ihr Mann arbeitete, bis er tot umfiel und ihre Wohnung war makellos!"

Wir waren eine eingeschworene Selbsthilfegruppe geworden und wollten mit unserem Sauwohl-Prinzip auch andere infizieren: die, die nicht aus ihrer Haut konnten, die, die keine Lebensziele hatten, die nur für andere lebten und arbeiteten, die sich nichts gönnten, die nie Zeit hatten und die, die ihr Leben heute nicht lebten. Die, die die schönsten Reisen auf später schoben, die alles perfekt haben mussten, aber trotzdem nie zufrieden waren. Die ständig auf die Meinung anderer hörten und sich mit Selbstzweifeln quälten. Die ständig an die nächsten Projekte dachten und nicht innehalten konnten und die, die ihre Kinder zu Ja-Sagern und Marionetten erzogen.

Und das tun wir mit all unseren Erkenntnissen, die wir in diesem Buch aufgeschrieben haben.

Wir fanden heraus, dass Social Media einen großen Einfluss auf unser Wohlbefinden und Zeitmanagement hatte. Cleo brachte es auf den Punkt, als sie zu ihrem Sohn sagte: „Schau doch nicht stundenlang, was die anderen auf TikTok machen, stell doch selbst was auf die Beine!" Außerdem erinnerten wir uns regelmäßig daran, schön drauf zu pfeifen, was andere wohl denken könnten. Über uns. Unsere Kinder. Unser Leben.

Isa war erschreckend gut im charmanten „Neinsagen" geworden, ihr Freund hatte sie verlassen und jetzt kannten wir auch den Grund dafür: Er hatte sich in einen anderen Mann verliebt und ihr zum Abschied gesagt, sie wäre die schönste und warmherzigste Frau, die er je getroffen habe, und sollte er jemals wieder heterosexuell werden, käme nur sie infrage. Isa hatte die größte und radikalste Metamorphose durchlaufen. Sie hatte ihren Job gekündigt und baute sich ein eigenes Business auf, Cleo fuhr wieder Rad und plante eine Alpenüberquerung. Aber diese Reise wurde nicht durchgetaktet, so wie sonst. Sie zählte immer noch ihre grauen Härchen aber nicht mehr täglich. Und ich? Ich arbeitete vier Tage pro Woche und verbrachte meine Zeit nach Feierabend mit Fotografieren und Backen. Und ich bekam erste Anfragen: für Fotos und Torten. Ich liebte, was ich tat, und das war diese Sauwohl-Zufriedenheit, nach der ich gesucht hatte. Ich lief nicht ständig hinter etwas her, sondern bestimmte selbst die Geschwindigkeit und den Weg.

Wir hatten unsere Ziele und Bucket Listen wieder aufgefrischt und ließen sie diesmal nicht im Keller verstauben. Wir hatten nicht nur unsere Ziele wieder vor Augen, wir gönnten uns Gelassenheit, Entspanntheit – mit uns und unserem Leben, mit kleinen Speckröllchen am Bauch und Wollmäusen in der Wohnung, mit mehr oder weniger entspannten Teenagern und mit einem Mädelswochenende in Paris.

Zum Schluss

Hier kommen noch mal unsere wichtigsten Erkenntnisse im Überblick, denn:

Für irgendwann ist das Leben einfach zu kurz

Facebook, Instagram & Co. sind enorme Zeit- und Energiefresser, die uns nicht das echte Leben widerspiegeln und echte Freunde ersetzen.

Denk nicht immer darüber nach, was die anderen sagen oder denken könnten (vielleicht tun sie es ja gar nicht).

Es gibt ein paar Dinge im Leben, die wichtig sind, und ganz viele andere Dinge, die es nicht sind. Was zählt, ist, dass du die Dinge tust, die dich glücklich machen, und du dich mit Menschen umgibst, die dir wichtig sind.

Soziale Kontakte, Hobbys, Sport und Erholung gehören in der Prioritätenliste möglichst weit nach oben.

Leb dein Leben so, wie du es dir immer gewünscht hast. Es gibt nur eine Person, die mit deinem Leben zufrieden sein muss, und das bist du. Du bist der Pilot deines Lebens.

Eines Tages wirst du aufwachen und keine Zeit mehr haben für die Dinge, die du immer wolltest. Also: Tu sie jetzt! (Paulo Coelho)

Halte dir immer „dein Museum" vor Augen. Wie soll es am Ende aussehen, mit welchen Erinnerungen, erfüllten Träumen, Projekten und Menschen soll es gefüllt sein?

Und zum Schluss (einer meiner wichtigsten Botschaften): Gib diese Gelassenheit auch an deine Kinder weiter. Lass sie Kinder sein, lass sie selbst entscheiden, wen sie lieben, was sie werden wollen, welche Hobbys sie machen wollen, was sie anziehen und wo, wie und mit wem sie leben wollen!